未 名 · 大 思 想 随 笔

诗人思想者史作柽系列

塞尚艺术的哲学随想

史作柽 著

北京大学出版社
PEKING UNIVERSITY PRESS

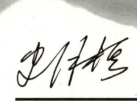

塞尚在他的绘画艺术中，真正要表达的是**感觉**，也是**生命**，所谓生命，在人来说就是以一种逻辑性追索过程向人内在的追求，以达到最大可能之**自由的程度。**

塞尚是孤独而深思的人,又是情感深挚的人 ———

塞尚的绘画透过宁静感,展示反省之情 ———

塞尚的彻底孤独,促成了他伟大创作的来临 ———

塞尚一生所追求的,无非是一种感觉的真实 ———

塞尚的绘画有深刻的精神感召力和观念结构力 ———

塞尚去世前不久说:誓以绘事而亡罢了 ———

总序

这次北京大学出版社出版我的著作,我当然非常惊喜,尤其是称我为诗人思想者,亦令我高兴不已。因为对我而言,哲学只是一种理论,而诗歌却是生命本身,所以我视诗歌之重要性,远甚于哲学要多,甚至在我七十岁时写的一首诗歌中,有以下两句:

哲学竟是我终生之枷锁,
七十岁的悲哀。

诗人思想者史作柽系列

其实说起来,所谓哲学或理论,往往只不过是人类生命存在中之一种思考性之形式派生物而已。如果说,根本没有生命的存在,又哪里会有哲学或理论可言。同理,若没有彻底的生命,亦必无彻底的哲学。因之,尼采于19世纪末就主张超越苏格拉底。只是历史往前走,往往并不容我们对诗歌那样彻底原创性之生命有所执意的坚持与看顾。若就整个人类文明而言,它一直朝着追求精确表达之方向在迈进。所谓精确表达,就是一种工具性之技术操作。人类历史上,第一个发明之最重之表达工具就是文字(约纪元前两千年顷)。从此之后,一种原始自然美学性之神话、诗歌或生命很快已成为过去,哲学登临(约纪元前五百年顷),人类开始其第一次伟大的人文理论之时代,如孔子、苏格拉底、释迦牟尼均属此一时代之代表性人物。换言之,一种文字性人文理论或宗教已将原始自然美学性之神话、诗歌或生命代换。但曾几何时,至于文艺复兴末,一种比文字表达更形精确之纯符号表达之科学文明又将文字理论代换,而成为人类历史上前所未有之科学时代。至于19世纪,突飞猛进之科技发明,挟"实用"与"精确"之两大优势,几乎又将精确之"理论"

塞尚艺术的哲学随想

科学代换,而成为我们今日所遭遇武器竞争与大卖场挂帅之工商时代之文明。至于此地,人类历史上所曾有过之自然美学性彻底理想化之诗歌与生命真可以说是一败涂地,以至于其前所未有之低潮状况中。面对此情此景,又有所知于生命存在之实质意义,几乎整个人类文明发展之实际状况,果欲在生命与文明之间有所挽回、通达并有所前瞻之可能,毫无疑问就成为我哲学探讨之终生志愿。总其名曰:

哲学人类学式之形上美学之方法探究。

我二十三岁时确定方向并有志于此,至于五十七岁时方稍有成绩,此即我于美国哥伦比亚大学与印第安纳大学研究期间所完成之以下二书:《形上美学要义》、《文字解放之真义》。

其间近肆拾年,所经历有关形上学、知识论、科学、方法论,乃至神话、生命、艺术、社会与宗教之探讨与折磨于此无法一一,也许于北京大学出版社出版的这套《诗人思想者史作柽系列》中,可稍知其详。

我回到台湾后,又写了以下二书:《哲学、美学与生命之刻痕》、《中国哲学精神溯源》。届时已年逾六十,其后十年中,为21世纪人类理想文明之可能,又写二书:《21世纪人类宗教与文明新探》《自然、本体与人类生殖器的故事》。

至今我已七十二岁,经其一生之所书,惟二事而已:诗歌、哲学。

哲学是为文明而写,诗歌却为生命而书。但如前所言:若无生命,文明亦必无所痕迹;若无彻底之生命,亦必无彻底之哲学可言。今后我若再有著述,其书名必为《诗中找回自己》。

此亦无他,文明与人类存在中所必有之现象,必也求其生命果能涵盖文明而无所失,并求今后生命更有所精确性之延伸与扩大,方为21世纪理想文明之奠基。

2005年4月23日

塞尚艺术的哲学随想

导 读
永恒的自然之道：塞尚的艺术

台湾文化大学、辅仁大学 教授
石朝颖 博士

(1) 在台北阳明山的文化大学的校舍阳台上，我望着眼前的山丘。在这春天的季节里，每一片叶子、每一朵花……似乎都知道自己的"自然之道"在哪里。

(2) 提笔写史作柽《塞尚艺术的哲学随想》一书的导读，禁不住地，我又想到塞尚的这段话：

我们和自然的接触，即获得了一种训练。……但我们却只有靠了专心一意的钻研，才能将混乱的视觉纳入秩序。所以说,艺术即以人的感觉,透过视觉的确定,所完成的一种"结构"之理论。

(3) 史作柽在这本《塞尚艺术的哲学随想》中,所要传达给我们的信息,正是要指出塞尚怎样通过绘画艺术的穷尽表达,来"结构"出人与自然的永恒关系的。

(4) 如果认清了这一点,在阅读本书《永恒的自然》一节时,就能了解作者在书中为什么会引用塞尚的一段话,来诠释人与自然的关系:

我们所看到的每一样东西,都会散灭或消失,但自然却始终而如一。……自然乃一永恒之物。

(5) 接着本书作者也更进一步地提到:

人永远有一个达不到的世界存在着,甚至就是我们知道了也说不出来。我们依旧不休止地追求下去,因为正有一片永恒的自然在那里。于是我们便不能不以永恒的追求去获致它,甚至就当我们明明知道追求不到它时,我们依旧如此不休止地追求下

塞尚艺术的哲学随想

去,此即永恒的追求,此即永恒的心灵、永恒的自然,同时亦即一种人的永恒性。

(6) 看了上面的这段话,我们就不难体会出"永恒的自然之道",在史作柽的艺术哲学与塞尚的绘画作品中的意义在哪里了。

(7) 史作柽在他的其他著作中,曾提到哲学的本质介于基础与形式之间,但情感却是人惟一的存留。

(8) 为什么情感是人惟一的存留呢?因为形式永远是人的一种设定,但是心灵却是人的惟一基础。不过真正基础性心灵的尽底里,所存留的一点点纯粹的情感,则是我们人类向一切种类之理想奔赴的惟一"动力系统"。

(9) 史作柽的这本《塞尚艺术的哲学随想》于1982年在台湾出版以来,就一直成为大学艺术学院的重要参考著作,也被许多研究塞尚绘画美学的学者推介,并于1989年5月获中国画学会颁发的艺术理论"金爵奖"。我想只要有机会阅读此书的读者,一定会被本书作者对塞尚艺术所表达的哲学诠释所感动……

(10) 再引用一段塞尚晚年的话,来作为导读的结语吧:

终我一生都在努力地探讨大自然的奥秘。但我的进步是那样的慢,如今我又老又病,所以我活着之惟一可能与意义,也无非是誓以绘事而亡罢了!

我想从这段话里,也可以看出塞尚的绘画艺术所要追求的"永恒的自然之道"吧!

塞尚艺术的哲学随想

目录

1 / 自序

1 / 一 孤独与究极

9 / 二 苍茫的宇宙

19 / 三 焦虑之旅

27 / 四 永恒的自然

35 / 五 生命的历程

53 / 六 风格

61 / 七 感觉的实现

69 / 八 感觉与自体

75 / 九 感觉、视觉空间

87 / 十 古典

97 / 十一 空间与整体（一）

113 / 十二 空间与整体（二）

127 / 十三 空间与整体（三）

137 / 十四 几何图形与结构

151 / 十五 情感的胜利

169 / 十六 形上之幻影

179 / 十七 终结

塞尚艺术的哲学随想

自序

　　时间与空间的存在,可说是人类高度表达世界中,所不可或缺之方法性的中心题旨或关键。但时间的存在,尤超越于空间的存在,常使人不能真得其究竟,所以说若就人类表达之事实来说,大凡都在于空间的范畴中了。这不但对于哲学是如此,对于科学是如此,对于空间性艺术之绘画来说尤其如此。我们假如能真知一种绘画之空间的表达方式,大概就算是我们对此绘画,有了一种比较方法性的严正认识了。在近代西洋绘画史中,我以为有三个最具代表性的画家,此即米开朗基罗、伦勃朗与塞尚。若以近代重方法的观念来说，伦勃朗与塞尚尤为重要。而塞尚又可以说和我们是同时代的人，所以写来尤使我觉得有亲切感。这本书本是我形上学中之一章，并为哲学的学习者所写，所以假如它又果能有益于艺术的发挥，那就可以说是我意外的收获了。

史作柽

1981年5月于新竹

塞尚艺术的哲学随想

一 孤独与究极

 塞尚艺术的哲学随想

人类之对于真理的追求,乃一人性中不移之事实。但是假如有人说他果然将真理予以彻底挖掘,并将之表达出来了,那同样也是一件不可思议之事。因为任何一个真正追求真理的人,当他凭了终生的努力,而终于能够望到真理的边际的时候,他都一定会清清楚楚地知道,尽管我们用尽了方法,拼命想把我们所获得之一点点真理,或是真理的边际,加以准确表达的时候,充其量我们最后所获得的,仍只不过是那个真理之人为性象征之表达罢了,却永远都不是真理之全部之真实。相反,假如我们会以为真理果然已被我们截然而掠获,并表达出来了,其实这也只不过说明我们只是在说一个睡梦中之遥远的故事罢了。但当我们一旦从睡梦中醒来的时刻,面对着一切属于人之存在中的真实事物,实际上我们却又怎么都不能把它们说得清清楚楚了。

但也惟其如此,人只能在知识中,进行真切属于他自

己之真理之象征性的人为表达，却仍无法将一切真理背后所涉及之存在超绝物本身，加以真切的描述。所以真理在人的存在中，必然也就形成了千万种不同之表达方式。这不但在哲学中，古今中外有数不清的理论类别，同时在哲学以外之领域中，我们也可以找到各式各样、不同方式之真理表达。顶多我们只能说，哲学与其他方式之真理表达之不同，那也只不过是由于哲学时常以一种直接的描述方式，将真理或真理之可能性予以揭示出来。至于其他的学术或文化，如艺术或科学，往往需要更多的技术程序，或展现的过程，才能将它所包含之真理，或真理之可能，予以清楚的描述。比如说，绘画之色彩、线条等，数之设定与推理，音乐之旋律、和声等。若相对于哲学而言，它们这些技术或过程，实际上都必须要经过一种思考性的处理，然后才能在表达中产生预期的效果。但是哲学本身却是人处理其思考自体的一种学术，所以它应该比其他学术更接近于真理本身才对，其中尤以形上学为最。

  尽管如此，到底人对真理所能者，也无非是一种表达方式之远近之别罢了，所以于此假如我们舍方式之远近而不言，只从存在之实质上观之，那么我们也可在一切属于真理寻求者之过程中，发现两种最具有代表性的本质，那便是孤独与究极。

塞尚艺术的哲学随想

其实说起来,孤独与究极的追求,并不是分别之两件事;相反,它而是指同一件事,或一件事情之两面。因为只要我们的追求是具有究极性的,那么实际上我们便不可能不要求一更具有专一与凝聚性之孤独生活;同样,假如我们果然已经是生活在孤独的要求中了,那么试问在我们孤独的生活中,所做的事或要求,并不是一究极性的,那我们又怎么肯舍弃现实,并忍受得了孤独呢?或者我们也可以这样说,孤独只不过是一种生活方式,或一种不得已之生活方式罢了,而我们实际上所追求的却是究极,而不是孤独。但是人为了真正地认识并达成究极,所以不得已而采取了一种孤独的生活方式罢了。为什么?因为所谓究极,或究极之要求,就是说人永远都不能满足于那些个别事物推移间之现实世界,而一直向那个具有终极性将生命或宇宙加以彻底解决可能的世界中追逐而去。或者这个意思也就是说,人为了获致一对于生命或宇宙之终极性解决的可能,不能不对生命或宇宙从事于各种更具逼近性的表达方式,但事实上,人却恨不得在可能的情形下,放弃一切方式的表达,而直接地进入于生命或宇宙之存在的实体里面去。但像这种事实、这种要求,或这种究极性之人类存在问题的彻底解决,在人来说,果真是可能的事吗?假如它果真是可能的,那么我们还再要那些现实事物或表达方式做什么！假如它根本就不可能，那么就是我们再要了那些现实事物又有何补！于是人在终极性的焦虑中，他更孤独了。

孤独，一切真正在这条生命之追求的路上走着的人，更孤独了！

所以说，孤独的存在，在人来说，根本就是一种不得已，而且人在孤独中真正要做的，就是为了那种永不能舍弃之进入于存在之可能，或至少也要将存在之真实，做到更逼近之真实表达的程度罢了。而所谓究极，实际上也就是人对于存在真实之不休止的要求中，最后所可能完成之更形逼近于存在之表达罢了。但是也就在这种孤独与究极的追求、两相无分的纠结中，人才会发现，一切属于真正追求之事，它根本就是一种纯自我之事，甚至它也就是一种纯粹自我的追求，它既不属于任何外在的对象，更不属于任何和自我不相关之事物的追求。或者我们说得更确切或更具体些，那就是说，所谓真正的追求，到头来就是追求感觉自体或思考自体，即人的生命或心灵自体，它根本不可能借助于任何外在的助力或对象完成之；反之，它所依靠的，只是人存在之纯自我之面对，即孤独，即究极，即一种事物之本质或整体宇宙的追求与面对。

但是一个只是"知道"追求，而自身并不一定正在深入

塞尚艺术的哲学随想

而追求的人,总是把那种追求与理想的事,说得太过分或光怪陆离去了。而一个根本不知追求为何物的人,则以为这根本是一件不必要的事。甚至一些历史学家,或一些批评家,也根本不知道一切人类创造背后之孤独与究极之追求的事,而只在那里说一些半调子之似是而非的道理。所以说,在这世界上,真正从事于这种存在之真实追求的人,实在是少而又少的。但是假如你一定要问,到底又是什么原因使他这样,或进行这样之追求的呢?其实说起来,就是连追求者本身恐怕也无法给出一个真正令人满意而彻底的答复。或者充其量,那也无非是说,有时他根本就不能确定到底怎样才是令他满意,或他认为全然完美之事实。但是那些他业已完成的都不能令他满意,于是他就不能不再次地,或永远地追求下去了,直到一种表达的终极,也直到人的老死;反之,一切被人认为是果已到达了终极或圆满之事,其实那也只不过是些连追求都不再是之中途模棱之事罢了。于是塞尚在他去世前六个星期时,写信给他的儿子说:

  如今我站立在大自然的面前,我想我已比我过去任何时候,更能了解它的内涵和意义了。可是每逢我一想到我业已深度被挖掘了的感觉时,却又不由得陷

诗人思想者史作柽系列

入了极度痛苦的境地,因为事实上我却怎么都没有办法,将那种在我感觉的面前,业已打开来之大自然那深度的内涵,加以真实而彻底的描述……

塞尚艺术的哲学随想

二 苍茫的宇宙

塞尚艺术的哲学随想

毫无疑问，塞尚所谓表达中之痛苦的经验，其所指乃是其晚期绘画中七十余幅《圣维克多山》而言。但是塞尚在表达上所招致痛苦的根本原因又是什么呢？换句话说，那个深刻在他心灵中，却无法用他的画笔加以彻底表达的感觉内容到底又是什么呢？只是他心中的感觉，还是那个圣维克多山之存在性的本质内容，还是说是那种以圣维克多山为象征而在艺术家心灵中所唤起之属于存在性之本质的要求？其实这三个问题统统对，但又统统没有把问题的真实内容真切地说清楚。因为假如说只是他心中的感觉，那么那种真正深植在人的心灵中，而又无法加以彻底表达的感觉，到底又是一种什么感觉？同样，那种圣维克多山的存在本质，或在艺术家心灵中所唤起之存在性的本质，到底又何所指？毫无疑问，如以哲学的方式来解释它，这三个问题之所指乃同一物的存在，即自体。换句话说，即超越一切表达可能之本体性的要求与呈示，即非现象物，而是形上之本体物。但是这种情形,在人类之表达中,是一件非常难以说明的事物。因为在一般的情形中,我们总觉得,我们的表达不但有一个固定的对象,同时我们更可以根据一确定的方法,把此一固定的对象说清楚。却只有在我们对一件事物有穷究般之存在或本质的追求时,人才会在他不休止的发现与舍弃中,超越过无数种他所曾经确定过的方法与对象,而来到那个生命与宇宙之不可言喻的大哑谜中。但是这种情形的发生,在人类的文化表达中,果然是一件容易的事吗?绝不是的。因为一个真正属于生命或自然宇宙之表达的谜团,绝不是一件容易触及的事。相反,它却是靠了人类在追求过程中,以努力而将一切个别的方法与对象,都予以穷尽后,才得以逼现的。所以说,假如人果然在过程中,以任何一种有限的方法或对象,而以为有所尽,有所得,并以此而沾沾自喜时,实际上我们早已离开那种真正追求的灵魂远而又远了。这话的意思也就是说,真正属于自然本体世界之"不可尽"之获知,根本就只属于那种以一淳朴而作终极追求的心灵,不计一切,尽其所能,老而弥笃地将生命或宇宙追求以至于其极的人,才能真实地了知那种自然或生命的感觉,不可尽表之事于万一罢了。不但绘画是如此,音乐是如此,诗歌是如此,哲学尤其如此。所以说,"无知"在人类灵魂的寻求中,无论如何都应该是一

塞尚艺术的哲学随想

种伟大的发现。因为靠了它,不但将一切有限的感觉事物逼走,同时也只有靠了它,人才能更真实地,将那一种具有整体性之超越的知识逼现。它是一种人类存在中,真正属于存在性之知识的根本关键,甚至它也是一切哲学、艺术,乃至科学,所必将遭遇之方法性的表达结果。

于是最后在塞尚之绘画里,他终于舍弃了在他寻求的过程中所会有过的方法或技巧,以一支淳朴的笔,而将那一片大自然的景色,涂画成了一片苍苍茫茫、天空与大地、山岳与草地、全然无所分辨之自然的组合。于是从这里,我们再也看不到他精心设计的结构,再看不到他那精细而层叠的色彩。相反,我们所看到的,只是以他那一只老而弥坚之淳朴的大手,在自然的空间中,任意而自由地涂抹着。因为一切属于人为方式之结构与色彩,都不再适合于老而成熟之艺术灵魂。而对于一个真正经历过终极性艺术或心灵追求的人来说,真正的自然不再是任何形式或色彩所可以深透加以表达的。相反,真正的自然,它毋宁是一片广大而深厚之精神的自由。于是人也只有在他经历了终极性的追求,而开始真实地在它的感动中,也同样以一种感召般之自由的挥洒,才能真实地将那自然的真义表达于万一吧!

什么是真正的自然?

它就是那一种以一个成熟的灵魂,才得以证知了之一片苍茫之不可知。

它不属于年轻人之浪漫的情感,甚至也不可能用莫奈(Monet)式的技法所能够表达。相反,它只属于一种成熟之艺术灵魂,或老而弥坚心灵之淳朴的表达。因为在那一片苍茫之景色的背后,正有宇宙大自然之伟型的结构隐藏在里面。

话虽如此,实际上我们看到许多美术史家,或批评家,尽管他们也一定会提及塞尚晚期之《圣维克多山》的绘画,不过如以哲学的眼光来看,他们的说明或分析,多无甚精密之处。而他们实际注重的,往往并不是塞尚之《圣维克多山》,而是他的苹果、静物绘画、色彩的层叠法和立体关系密切的结构法,或是和现代绘画间之绘画关系等等。换句话说,史家或批评家之真正的着力点,只是绘画的现象或事实,甚至也都只是些过程性的关系,它既不涉及绘画者自身里面之使绘画成型之完整内在结构,更不涉及一个真正艺术家之老而成熟的灵魂本身。或者他们即便是也会涉及于此,也多半只是些欣赏性之外在描述,而并不及那种真正徘徊于宇宙与生命间一个追求灵魂真实的内在结构。说起来,这应该是一个能力的问题,同时也就是史家或批评家真正低于艺术创造者的根本原因。此亦无他,艺术家

塞尚艺术的哲学随想

真正面对的,是对于生命或宇宙之本质表达中的搏斗,而史家与批评家所面对的,却只是此一搏斗的表现成果罢了。其实说起来,这就是一种创造与欣赏间美学的根本问题。虽然Croce说,欣赏是创造的再现,但无论如何这只是由业已呈现了的表现品来说的,却并不包括使此一表现品得以呈现的整个过程。换句话说,这仍只是一种欣赏,而不是真正的创造。因为真正的创造,来自于一个存在的动力系统。它在人来说,就是一种纯自我的搏斗,同时也就是人介于生命与自然间的一种刻意的追求与表达。假如说,欣赏果然能达到如是的程度,我们当然可以说欣赏勉强等于创造,但这也等于说,欣赏者就是创造者,或就是艺术家本身,否则这种创造的再现,仍旧是不可能的。甚至在另一方面,我们仍旧可以清清楚楚地知道,在世界上,创造者确属寥寥,而欣赏者却比比皆是。由此可知,所谓创造与欣赏间之实质意义,究竟如何,可思之大半。

真正的艺术家和史家、批评家之间的关系若是,然后假如我们再来看艺术和哲学间的真正关系,就可以知道,尽管艺术家本身可以不涉及哲学,实际上,其以究极之本质的追求,早已和哲学形成了不可分的关系。因为所谓哲学,尤其是形上学,就是对艺术家所追究之生命或自然之存在本质,作更逼近性之思考呈现的完成者。所以说,艺术家本身在完成其作品时，可以不及于哲学本身。但正相反，假如一个哲学者，而不能接受并了解一种真正具有深度追求的艺术作品，无论如何，那都是一件不可思议的事情。尤其对于艺术史中，非常稀有之塞尚式的艺术灵魂，更是如此。

我们知道，在美术史中能够成为画家的人相当多，但真正可称得上是艺术家的人并不多。所谓画家，就是在形式的表达上，果有所创意与表现的人。而真正的艺术家，却是在生命与自然的存在中，不但具有本质性究极的追求，同时又在形式上有创意之表现的人。一般来说，有形式创意的人，不一定就有生命或自然之究极性的追求。但一切对生命与自然有究极追求的人，都必有形式上创意的表现。所以，在美术史中真正能够达到这种程度的艺术家，实在是寥寥可数，像 Michaelangelo、El Greco、Rembrandt、C'ezanne 均属此种。而一般可称为画家者，可上百上千。而在近代或现代，则多介于此二者之间，像 Delacrovix、Coubet、Monet、Gogh、Gauguin、Munch、Kandinsky、Mondrain、Klee、Mattise、Picasso 等。若就近代以至于现代之间者，仍不能不以后期印象派三家为重点之所在。所以说，Gogh 与 Gauguin 之被称为近代绘画中先知性的人物，就是因为他们的绘画是一种生命绘画的缘故。但是如以哲学的眼光来衡量之，其实在

塞尚艺术的哲学随想

后期印象派之三家当中，不论是生命也好，还是理论技法也好，真正达到最高成就的，并不是Gogh或Gauguin，而是C'ezanne。只是批评家一讲到C'ezanne时，多涉及其与现代绘画间之理论技术上的分析，却很少有人注意到，那个揭示了众多理论技术背后之生命自体的逻辑内容与意义。甚至群众更多爱好一些戏剧性的事物，所以使C'ezanne那平淡、淳朴而孤独的生命，多被Gogh、Gauguin之戏剧性的生命所掩盖。但在另一方面，这些无论如何只是些介于批评家和观众之间的故事罢了。反之，如以哲学来看艺术，其所求者，若真是真理与生命之事，那么它多已超出了一般批评、戏剧或群众的范域，而指向了那个生命与宇宙间默默而永存之孤独而苍茫的世界。所以，假如我们真能"长"时间地精研过C'ezanne的绘画历程，我们自然可以知道，这一切属于真正有高度的艺术家的质素，都属于C'ezanne，而非其他。

塞尚艺术的哲学随想

三 焦虑之旅

塞尚艺术的哲学随想

说起来,前后我总共花了十多年的时间,来设法了解真正的塞尚。因为我不但曾经被他壮丽之《绿色的风景》所打动,同时我更曾经被他最晚期之《圣维克多山》所打动,但是我却没有办法找到最能令我自己满意的答案。甚至即便是我可以借分析我心灵中之被感动之情感的质素,来了解塞尚,但那也只能使我获得一些欣赏,或当我向人家说明时,在表达上直觉性情感解释的乐趣,却仍不是我真想要获得之属于塞尚绘画中实质上存在的意义与解释。或者即便是我再读了许多艺术史家,或批评家对塞尚的分析与说明,同样也使我觉得,那仍只不过是一些断简残篇之方法或技巧上的说明材料罢了,并不足以说明我所曾直觉到的完整之属于塞尚之艺术生命,或他真实之艺术成果的意义。这样一直要等到我有能力写形上学的时候,我才借回忆,或为了调节枯燥之哲学的写作生活,重新把塞尚的艺术,反复地拿来研究、体会、分析,并设法来说明时,才算是把我多少年来放在心中，未能彻底打开来的死结，慢慢地予以解开，最后使我总算是获得了一个比较令我自己满意之对于塞尚艺术的解释。

其实说起来，我之能够比较清楚地了解塞尚，其根本原因，并不是因为塞尚，而是因为我已慢慢地通过十数年的努力，逐渐懂得了形上学的缘故。而我之懂得了形上学，并不是说我果然获得了一种高深之哲学中的知识；相反，而是说，我已慢慢地凭了我自己的追求与努力，而终于领悟了人与宇宙间之根本存在关系的缘故。但我之能够真切地了解人与宇宙，或生命与宇宙之间的根本关系，其实也并不是说，我果然像掠获了真理一样地，把那个真理之宇宙或生命的大门给打开了。相反，而是说我只不过真切地靠钻研与努力，而了解了我之向生命与宇宙，不息止般去追求背后之焦虑之情罢了。

是的，就是这一个问题，就是这一件事，甚至不论是出现在艺术、哲学、道德或宗教中之那一个最根本的质素，几乎统统是它，亦即人类寻求生命或宇宙彻底解决之焦虑之情。若其不可解，人何其焦虑！若其"理"智而可解，"存在"而未能，人复何不焦虑之有！若人果在于可解与不可解之间，人又如何面临一切，在可解与不可解之间，而不受其阻挠？所以说，人之在于"理智"与"存在"之间，果有所知，并

 塞尚艺术的哲学随想

非知于其所止,而是知其"可知"与"不可知",焦虑亦然。有时人之对于焦虑之解决,并不是焦虑果有所止,而是令人在经历了千万种不同之追求中之焦虑之情,而开始在过滤过的情感与理智中,真切地认识了焦虑本身的存在,与其真实的内涵罢了。而人之真实地认识了焦虑本身的存在,其实就是人惟一不再被焦虑所阻止所困然的意思,即自由,即解脱。所以说,真正的焦虑,它并不存在于任何人存之个别事物或遭遇之中;反之,假如人在个别遭遇中,其焦虑果然可解,其实那已不再是真正具有存在性或究极性之焦虑了。因为,真正的焦虑,却只有在人超越了一切个别事物的阻挠时,才能更清楚地展现出来。换句话说,假如人一旦满足于任何现实世界中之个别事物了,那么实际上,也就不再有任何真正的焦虑存在其中了。所以说,在人的存在中,所谓超越与自由之事,根本就是焦虑的一种变形。但在人存在之实际境域中,它无论如何都时常是以一种终极性痛苦的情怀而呈现着的。

当我真正有知于此种人存的境遇,或哲学中辩证之事时,我才算是以一种比较充分之了解之情,而进入到一切真正含有了存在内涵之高度艺术情操的世界中来。同时也就由此而证实了,我之所以会被塞尚的艺术所打动,绝不是由于任何惊奇之快乐之情;反之,而是由于在塞尚的作

品中，以各种不同程度所呈现之焦虑之情。我们要知道，我们在塞尚的作品中，是碰不到像看其他作品时，那种单纯之惊奇快乐之情，比如说，我们对Monet之稻草堆或卢昂教堂的感动、野兽派的色彩或Nolde的海景，等等。塞尚的作品，若和他们相比，不但没有那种大力而锐利之动人之情，甚至也没有Pissaro那种默默而细诉之意；或既没有Mattise之愉悦之情，也没有Gogh之单纯的强烈之意。反之，塞尚所给人的，根本就不是那种一般情感之解决之情，而是透过他单纯的结构及层叠之迷惘的色彩，向人传导一种淳朴、结实并极富理智性质之隐藏的焦虑之情。而这种情形，当我们清楚地从他"杀害"之早期的绘画，通过他理智与方法寻求的过程，一直到他后期《圣维克多山》绘画之整体的表现中，更确切地呈现出来。换句话说，假如我们从整个塞尚绘画的历程来看，其早期之压抑性之表现的绘画，和他晚期以苍茫的方式，所表达之对自然不能表达出之焦虑之情，其于心灵或情感上来说，实在是如出一辙。只不过其间正经历了一个漫长之方法性理智表达的过程罢了。同时也正由于塞尚的绘画过程中，这种极富理性的追求方式，才足以说明了他和Gogh、Gauguin间，不同之生命追求的成果，此亦无他，即比Gogh之强烈度，或Gauguin悲剧之犹疑的嘲讽方式，更形深刻而成熟之对于生命焦虑之情的表现方式罢

 塞尚艺术的哲学随想

了。

　　总之,只要我们愈长久地注视塞尚的绘画,尤其是当我们更能从他绘画之整个历程来看他的绘画,我们就愈是发现到,塞尚的艺术所给人的启示,绝不是任何单方面的、强烈的、惊喜的、快乐的,或悲剧性等等的情愫;反之,却是一种透过坚实结构的宁静感,向人不休止展现的一种反省之情。是的,这就是那种塞尚所以会动人,并对后来的艺术家,引起了那么大影响之根本的艺术精神。塞尚绝不是一个情意激切的艺术者;反之,他却是一个孤独而深思的人。但在另一方面,他却又是一个情感极其深挚的人,只是他所寻求的绝不是任何一般人世间事物的宣泄;反之,他所寻求的,却只是那种超出一切个别寻求之终极事物表达的可能性。于是由于众多艺术情操的汇聚,不但使他宁愿喜欢和Pissaro切磋,却不喜欢Gauguin。但在另一方面,他却又以同样的情感面对冷峻写实之Coubet的绘画,一如他热爱终生之制造了情感之辉煌成果之Delacrovix,所以说,塞尚无论如何是一个具有了众多可能性,或情感质素之艺术家,同时也就因为在他的生命中,容括了多种不同的性质,更使他变成了一个具有统合性的心灵,并为方法性理智表达的艺术家。但追根究底,以上所言,所有这一切之可能,却又无不来自于他那一个向究极追求的灵魂,即一种

焦虑,或即一种向生命与自然而欲呈现其本质存在的焦虑。甚至更因此而使他最后《圣维克多山》的绘画,成就了三种不同的意义:

其一,如以其终极性的追求,和他最后所获致的对于自然之本质性感觉来说,他真正想要表达的是一种坚实之属于本质性的自然的结构。但事实上,在塞尚来说,像这种对于自然之本质性的表达为不可能,所以它永远地隐藏到塞尚所业已表达之世界的背后去了。

其二,那么最后以塞尚终其一生之方法上的追求,所实际完成了的表达又是如何呢?其实那也无非是以一种淳朴、苍劲,并极富自由性质之笔触与色彩所组合之苍茫的世界罢了。

其三,若统合以上两者的意义来说,即人类凭了其终生于孤独中之终极性的追求,最后所获致者也无非是以苍茫的形式来呈现并象征宇宙之坚实而确切之不可言喻的结构与意义罢了,此即矛盾,亦即塞尚绘画中所特具的一种形上幻影。

塞尚艺术的哲学随想

四　永恒的自然

塞尚艺术的哲学随想

所谓形上学，即人类将生命与表达方法同达其极致，最后对宇宙所完成之一种终极性之结构表达。但是一个真正有能力来到此形上世界的人，他却又发现，人最后所获得的并不是那个存在的实体本身；相反，而只不过是人对于那个存在之实体本身，所完成之一种象征性的表达罢了。甚至像这种人在形上世界中，所完成之对于存在实体之象征性的表达，如果严格来说，它也并不是一种真正彻底而正面之对于存在实体的象征；反之，它毋宁是朝着和存在的实体完全相反的路径上走去的。而这话的意思也就是说，当人拼命想要完成生命或自然之存在性实体表达的时候，最后我们所完成的并不是实体，而是表达之方法性的形式本身，亦即表达之穷尽方式。其实这在人类表达的世界中，无论如何都应该是一种非常重要的关键。而它根本的意思就是说，若人真正追求的是生命或自然本身，那么最后他就能获得真正具有创造性的方法。同时这也就是一切真正的哲学家或艺术家所完成的真实表现,亦即使人成为真正哲学家或艺术家的根本因素。反之,假如人的追求并不是生命或自然本身,而只不过是某一种表达方式的完成或满足,那么他既不可能是表达方式的穷尽者,同时也得不到真正具有创造性的方法,那自然也就在真正的艺术家以下了。所以说,塞尚自己虽然被称为是印象派的画家,甚至他的许多画,也果然受到和印象派画家间切磋的影响,不过实际上,那顶多也只不过属于一种过程性方法上的取材罢了。反之,若就塞尚本身真正的艺术要求来说,他不但以为Manet的画死板而不生动,甚至他更以印象派所采取之外光的表现法,是一种肤浅的表现。所以他说:

> 绘画假如只表现光的变化是不够的,因为由环绕在我们四周的光线所形成之色彩,只是物体的外表,却不是它的实质。所以我们必须要更进一步去探求物体的实质,才能将大自然所蕴藏之神秘的关键,予以真实地揭示出来……

由此可知,塞尚所追求者,绝非任何单纯表现中的事物;反之,却是要借表现所可能逼现之实质性的事物。它是自然的实质,同样亦就是生命的实质。同时也惟其如此,

塞尚艺术的哲学随想

才能使他以一种特异之理智的方式,通过了他不休止之方法上的追求与变形的过程,最后终于到达了那种仍不能令他完全满意之淳朴而苍茫的世界中。所以说,在人类文化表现的世界中,真正方法的穷尽,它不但是一种生命的穷尽,甚至这三者之间的关系,根本就是不可分割的同一环节的存在。所以塞尚又说:

不要以追随那些前辈画家之美丽的形式为满足,要从大自然中去探求、去研究。我们不但要凭着自我的感觉来表现自我,同时我们更要以我们的思考去改变并呈现我们的视觉,因为只有这样,我们的精神才能获得真正的自由。

你看,假如真如塞尚所说,那么他所描摹的自然,便必是一个纯粹主观的自然。但我们不要忘记,当塞尚真正有能力以他所谓主观的方式去描摹自然的时候,其实这个主观,早已不是一个普通的主观了。因为当塞尚以他那种特有之理智的穷究方式,去追求自然之实质的时候,同时他把自身的存在或心灵也予以净化了。于是在这个以塞尚所特有的追求方式所呈现了的艺术世界中,不但自然不是一种表面的现象,方法更不是一种偷懒之抄袭，甚至自我更不是任何肤浅的主观。反之，一个由塞尚所言之真正的思考与真正的感觉，所建立起来的艺术世界中之真正的自我，其实就是一种精神的自由。甚至那个本来被艺术家所要描摹的自然，更通过艺术家的奋力追求，并借助于一种特殊之艺术中的精神自由，而成为一种比自我的存在，更形超越之永恒的自然。所以塞尚又说：

> 我们所看到的每一样东西，都会散灭或消失，但自然却始终而如一。……自然乃一永恒之物。

毫无疑问，塞尚所谓永恒的自然，当然不是一种现象的自然；反之，它却是一本质的自然。同样，此一本质自然之得以获致，也必不是由于一种普通的精神或心灵；反之，它毋宁来自于一种本质性的心灵。那么此一本质性的自然与心灵，其结合处到底又是以何而呈现为具体的关键，并使塞尚得以从事其艺术的表达呢？这便是塞尚所谓Sensation before nature。果真如此，那么塞尚这种构成了他独特艺术的感觉，既不属于变幻之自然的现象，也不属于任何变幻之主观的情感，它毋宁是统合了以上二者的存在，同时更超越二者，并被人所把握之存在的本质。换句话说，它

塞尚艺术的哲学随想

就是以精神的自由与实质的自然,统合而成之一种恒定的艺术情操或感觉。或者我们也可以说,这就是一种永恒的感觉,或人之站立在大自然的面前,所向往而欲完成之艺术之永恒的感觉基础。同时也正因为有了这样一种感觉之艺术的基础,很自然地也就使塞尚的绘画,打破了一切主客间的片面,而成为一种真正具有统合性的超越艺术。所以说,假如我们果能了解于此,也就不难去解释在他的绘画中,为什么会以一种稳定而均衡的整体造型,通过他特有的色彩组合,而向人不休止地传送那种肃穆而宁静的气息的根本原因了。

塞尚之不同于Gogh那热烈之生命艺术者在此。

塞尚之所以超越了他自身曾经向往之Baroque风格,而成为一纯古典风格之现代画家者在此。

塞尚之所以凌驾于一切现代之个别风格之上,而近于Rembrandt者在此。

此亦无他,乃因塞尚具有一种真正能分析与统合的智性能力,并使他超越自然而表现自然,超越感觉而表现感觉罢了。但假如我们要由此再追问下去,我们也只有诉诸永远不能为人类所全然而自知之心灵自体之世界去了。所以说,顶多我们只能分析并描摹塞尚的艺术或成果,但我们却无法揭示其究极的心灵因素,甚至这就像塞尚站立在大自然的面前,却无法将他真实的感觉表现出来一样。人永远有一个达不到的世界存在着,甚至就是我们知道了也说不出来。我们依旧不休止地追求下去,因为正有一片永恒的自然在那里。于是我们便不能不以永恒的追求去获致它,甚至就当我们明明知道追求不到它时,我们依旧如此不休止地追求下去,此即永恒的追求,此即永恒的心灵、永恒的自然,同时亦即一种人的永恒性。

塞尚艺术的哲学随想

五 生命的历程

塞尚艺术的哲学随想

假如人一旦心中有了那种永恒的追求,那么他就要注定和世事而无缘了。

我们并不能确定人是否可以真正追求到那个永恒的实体,但如果以人来说,充其量也只不过在以永恒的追求,来呈现那种永恒实体的可能性罢了。

甚至人时常都不能确定地说,他果然已存在于永恒中了。所以说,人真正能完成的,也无非是一种说明永恒追求之存在方式罢了。此亦非他,即孤独。

但所谓孤独,其根本的意思,并不一定就是独自,甚至独自仍只不过是一种附带的方式罢了。反之,其根本之意义,在于专一而不舍。因为一个真正的哲学家或艺术家,他所追求的,根本就不是任何普通的事物,而是生命或自然之本体,即真正自由与真正彻底的表达。但是事实上我们也知道得很清楚,一切普通的现实事物,乃至于一切中途性的艺术表达,都只不过是些阻止人倾向于专一之追求,

诗人思想者史作柽系列

或将人更形逼向于专一追求之过程性的取材罢了。所以说，只要人是真正专一于追求的，那么实际上我们就不可能再在任何种类之现实事物当中了，甚至即便是我们曾经参与或正在参与其中，但到头来真正存在于我们的心灵深处，或真正为我们的生命所剩下来的，恐怕除了孤独之外，再也没有其他任何物了。其实这也就是真正的追求，真正之自然与生命的面对，同时也就是只有生命与自然，而没有任何中间物掺杂其间，即专一。

当然这并不是一件令人易于接受并了解的事物，因为人大多不能忍受真正的孤独。其实这并不是因为孤独本身的原因，反之，乃由于人多没有终极性生命追求的缘故。反之，若人果然是如此专一而追求的，那么在人的生命过程中遭遇任何事物，其最终的结果，都必是一样的，即孤独。除此之外，则均为中途之物。或若以究极之方式言，即一种松弛、一种溃散、一种片面与不彻底。这不但在人的生活中是如此，甚至在艺术的表现中，亦复如此。也许艺术家的生活，比一般人有更多精神或表达上的追求，但如以艺术家和艺术家来比，同样也有中途与终极追求之别，而这种情形，或者塞尚就是一个最好的例证。但是常人却经常只看一般，而不知其究竟，所以：

有人说塞尚只是个乡愚。

塞尚艺术的哲学随想

有人说塞尚脾气坏。

有人说……

其实这都是些无关紧要的事。我们试想想看,假如一个人的要求,果已超出一般的标准太多时,那么他活在现实中所遭遇各式各样之不协调、冲突,乃至于连自己都无以自解之愁而又愁之焦虑之情,那真是不用多说了。除非说,他果然以他自己无人问津之默默的努力,已获致了完全属于自己的成果与信心,否则人之活在他自我翻搅的寻求之中,实在是一件不可言喻的事。假如以塞尚来说,他之能获得完全属于他自己的成果与信心,恐怕已是他四十岁以后的事了。其实这就是他逐渐迈上了他伟大成就之路,并形成他"圣维克多山"最高峰之真正的起始点。

塞尚二十四岁前是在Aix乡镇长大的。虽然他在十九岁时已去过巴黎,但他心灵中真正热爱的,也无非是古典与乡野的大自然罢了。甚至直到他的老死,在他的艺术或心灵中真正开花的,仍无非是古典与乡野之大自然罢了。但人生之过程,似乎并不是条直畅而单纯的大路;反之,却为一曲折而迂回之艰困的过程。所以,以塞尚那么单纯的人来说,其间仍不能不经历了二十余年之巴黎的奔波与锻炼,才能在他四十岁以后,隐居于Aix,在孤独中完成了他真正伟大之艺术伟构。如《玩牌者》、《大水浴图》、《圣维克多山》等。

　　塞尚在十九岁第一次去过巴黎后,几经波折,终于在二十四岁后,才在巴黎定居下来。其理由很简单,只是为了表现与学习。但如以塞尚艺术之根本精神来说,他到巴黎真正学习的并不在于内容,而是方法。因为像那种在塞尚的艺术心灵中,所要表达之强烈、深度,并富于本质的内容来说,实际上在他十几岁的心灵中,老早已经铸造而成型了。尽管在当时他并不能精确地说明出来,其实那也只不过说明了,人的成长需要时日来加以琢磨,以至于成功罢了。但假如他根本就不是一块真正的大理石,那就是再琢磨也没有用。

　　这样一来,我们也许要牵扯到天赋这回事。当然我们将一切人类所不能解释的才能,都可以叫做天赋。但是当我们这样说时,实际上往往只是就某人或对某一物业已完成之"表现"而说的。换句话说,一般所谓的天赋,其实就是一种表现的天赋,即方法,或完成一种形式的天赋。但是实际上,当我们这样说时,它只能在以某程度之表现和另一程度的表现来作比较时,它才是有效的。相反,假如我们所谓的天赋,一旦超出这种相对性的比较时,我们将发现:有一种真正的天赋,其所指并不在于表现。相反,而是比表现更根本之使表现成为可能的本性,换句话说,假如我们以

塞尚艺术的哲学随想

表现为一种形式,那么使形式成为可能者,并不是形式本身;反之,而是借此形式,果真想要表现出其内容本身,才是使此形式得以逼现的真正可能。

所以说,人并不会因为形式而去完成形式的。一切形式的完成,都是为了有一"物"要去表达,然后才将方法或形式加以逼现的。同样,所谓天赋,与其说是在完成一表达方式,倒不如说是人类去发现完全属于他自己要表达之一物内容的能力,要来得更彻底而确切些。由此可知,一般所谓之表现的能力或天赋,乃一般之事物罢了,甚至一个真正伟大的艺术家和一般的艺术家之最大不同处,也只可由此而分辨出来。如以塞尚来说,他真正要表达的事物,老早在他十几岁时即已确定了,甚至他更不是一个只是要画画的人。相反,他却只是要以绘画,来表现他所真正要表现之生命或自然宇宙之彻底的真实罢了。但也惟其如此,塞尚靠了自己二十年之追求,终于逐渐地完成一种最伟大的绘画方法;反之,至于其他的艺术家,得艺术之一隅罢了,其影响也必不远。

当然十几岁二十岁之塞尚心中,并不一定就有一个明确而固定的认识,但是至少在他到达巴黎后,对于他完全属于自己之选择或取舍,却已有了清楚的表现,甚至由此我们也可以确定地说,他在巴黎之二十余年生活或寻求过程中，实际上，即在于设法澄清并确定他真正要表达的意念，并通过方法的寻求，以到达他惟一要获致之对于自然或人性之终极性的探讨。或者，说得简明一点，那就是说，塞尚在巴黎真正要学习的只是方法，而不是那种真正具有天赋性之"内容"本身。然而就此一果然能将内容加以呈现之方法的获致来说，是一件容易的事吗？当然不是的，绝不是的。

若从塞尚早期，或三十岁以前的作品来看，他确是一个执意的艺术家。虽然塞尚一到巴黎，就与印象派画家周游，但是他之以印象派的方法来绘画，这恐怕总要到他三十岁以后了。所以如以其早期的画来说，完全是出自一种纯粹原创性之执意而强烈情感的要求。粗笨的线条，用画刀涂抹之厚厚的颜料，而且处处都表现了一种极富文学性之压抑的情绪性质。虽然在这一时期里，他毫不顾及四周之时尚般之印象绘画，而属意于Delacrovix、Rubens、El Greco、或Veronese、Poussin，但实际上，这些绘画仍只能满足他艺术情感之辉煌的构想，而在另一方面，却仍旧无法满足他内心深处，所欲呈现之实质性的意念本身。所以说，在这一个时期里，由于他自己内在之无以自解之绘画的意念，再加上别人对他的不了解，可以说是他绘画历程中最痛苦的一个时期。不过无论如何，如以塞尚在此时期中，所表现

塞尚艺术的哲学随想

之特具创意的情感来说,还是呈现了一种执意的伟大性。尽管说,当时的人并不能欣赏或了解他,但是如以纯粹现代绘画的标准来说,他还是完成了许多杰出而足可传世的作品,比如说,他的《戴蓝色帽子的男人》、《修道士多米尼克》、《法官》、《黑人西比恩》、《亚细亚·安普列》,乃至《有黑色时钟的静物》、《白与黑色的静物》等等,都是极具表现力之深度之作。但是实际上,塞尚对他自己的这些作品并不完全满意,因为他真正要表现的,远超过他已表现的,而且是一种具有统合性之实质的世界,于是他自己也说:

> 我有一些感觉,但我却无法将之表达出来。这就好像一个有金币的人,却不知道如何使用它一样。

但是实际上,假如我们对艺术不会过分苛求,或只从画面上有所表现的标准来说,那么三十岁的塞尚已做到了此点。相反,假如我们的标准是一种作为真正伟大艺术家的程度,那么这就如塞尚对自身的要求一样,他必定还要经历一大段比他第一时期更形困扰而反复的斗争与寻求才行。

其实这就是塞尚后来所谓modulation或Sensation before Nature的寻求。如果于此我们再说得更清楚些,那便是

诗人思想者史作柽系列

塞尚在晚期绘画中，所完成之具有统合性实质表现之古典精神的寻求。同时由此我们也可以知道，虽然现代绘画和塞尚有不可分的关系，但是无论如何，现代绘画之取于塞尚者，多半都只是一种方法上片面的取材，或立体派更是由对于塞尚绘画的一种误解而来。所以说，现代绘画固然有其自由而独立的发展方向和时代的意义，但假如我们要以塞尚绘画中所呈现之统合性，并具有实质意义的古典精神来说，现代艺术所呈现者，往往都只是一种极具个性之艺术之片面精神，而不是艺术精神之成熟的全部。我们承认现代绘画是一种时代的必然，甚至我们更不能不欣赏其极具活力之自由表现。但相反，假如我们在另一方面，又果能于欣赏其自由而富特色的表现之余，而就真正成熟之艺术灵魂，所常具有之古典精神来说，却又不能不以现代绘画中之可能的缺失，而有所慨叹了。

如以现代绘画的表现来说，塞尚早期的作品，已有了相当的成绩。但如以塞尚本人来说，却不能满意于此，甚至他为了求得他心灵深处之深刻感觉的表现，不得不将其早期的绘画放弃，而走上了更进一步表现其印象方法绘画的途径中去。

谈到塞尚的艺术途程中之印象风格的绘画，我们当然不能不提到Pissaro。因为如果不是因为Pissaro的关系，塞

 塞尚艺术的哲学随想

尚是否会接受印象派的方法,恐怕也在不知之数。如以塞尚早期执意的画风,和他真正要在绘画中所要表现之实体精神来说,他总觉得印象派的点描法太过琐碎,而且没有实质上的力量。所以说,塞尚之所以会接受这种影响,并不是由于印象派绘画之方法本身;反之,而正是由于Pissaro所赋予此方法之特殊精神。或者这一情形正如Pissaro自己所说:

在大自然的面前,我们必须要感到谦卑。我们绝对不能因为创造的欲望,而失去了人与自然间之亲密而直接的接触。

你看,他这一句话,竟然把塞尚早期绘画中之根本缺欠,一语而道破了。此亦非他,即无节制,而太过执意于主观的情感,反而把本来想借此情感而欲表达之自然的本质予以妨碍了。塞尚深深了解于此,于是他不但以《有黑色时钟的静物》之杰作而结束了他早期的绘画,同时也以此而迈向了印象之途,这样一直画到他四十岁左右。所以我们可以把他这一时期的绘画,看做第二期的绘画。而这一时期的重要作品有:《吊人之家》、《庞多之雪景》、《灵弗之景色》、《爱斯塔克之风景》、《萧绘像》、《贝希之塞纳河》

等。

从这些作品的表现上,我们可以很清楚地看到,塞尚的绘画已有了两点重要的改革:

他的线条变得细密,而不再是粗笨。

他的色彩变得比从前多层次而有所节制,同时慢慢地已走上了他所谓的modulation之路。

由于这种变化的存在,使得塞尚的印象绘画,虽然来自Pissaro,但也由于塞尚之特殊的性格,仍使塞尚的印象绘画比Pissaro要来得简捷、有力,而富结构性。甚至相形之下,反使人觉得Pissaro太琐碎而无有力的重心。当然Pissaro绘画中,那种特有的温和、谦恭之亲切之情,也是塞尚所没有的。由此可知,在绘画中方法尽同,但由于个性与追求方向之不同,仍旧产生了全然不同的效果。不过无论如何,这种方法上的吸取,对塞尚的艺术过程来说,却形成了不可缺少的一环,这对于他晚期的绘画来说,尤其如此。或者我们只要看到塞尚自己所讲的话,就可以知道他从Pissaro那里学到些什么了。他说:

> 一个人既不必太小心,也不必太耿直,也不要过分被自然所吸引;反之,一个人多多少少总应该是他的对象之主人,更重要的是,他应该是他自己之表现

塞尚艺术的哲学随想

手法的主人。

你看,这是多么富有哲学意味之艺术的语言!同时由此我们也可以清楚地得知,真正的艺术往往并不是单纯之方法之事。因为艺术若只是方法,那么人也必因受了方法的限制,而无深远而广大的成就了。或者关于这种情形,现代绘画就是一个最好的例证。我们承认现代绘画之独立与自由性,或它所达成的效果更是惊人的,但是无论如何,这种效果的完成,往往只是由于某种个别方法的讲求而获致的,却不是由于一切真正伟大的艺术,所必具有之隐藏于方法背后之灵魂的唤醒力量。虽然说,在现代艺术中,已经愈来愈少人注意及此,而只以方法所达成的特殊效果为其用心了,但无论如何,将来的人类只要对于真正伟大的艺术有所觉醒的时候,他必将会发现,真正伟大的艺术是由灵魂或生命驾驭方法,而不是以方法反控灵魂或生命。甚至于只有当人真正有能力以灵魂或生命驾驭方法时,才能将此方法真正要表达的事物,真实地突显出来。反之,假如人所求者惟方法而已,那么这种艺术,必降于生命以下,顶多也只能完成一种特殊的视觉效果罢了,并不一定就是真正伟大的艺术。至于塞尚的绘画,其于印象方法而后,果能成立其特殊的方法,并导领了现代艺术者,与其说是由于方法，倒不如说是充满在他的艺术中，那种以生命而驾驭方法之彻底的要求与表现，要来得更正确些。

　　印象派的方法，不是塞尚绘画的本质，但却是塞尚绘画历程中的一种必要的锻炼。其根本意义并不在于笔触或点描的方法，而属于隐藏在此方法背后之节制的艺术精神。甚至从此塞尚不但改变了他过分强烈之文学性艺术情感的表现法，而且更重要的是使他深切地体会了那种真正属于画面之统合性的艺术表达。它既不属于单方面急切的主观情感，同时也不属于单方面之客观自然的写实。相反，真正完整而彻底之绘画艺术的可能，既不属于任何主客间单方面偏向的表达；反之，它却只在于惟一能将此高度的主观与自然的实质，加以更真实呈现之统合性之中庸表达。其实说起来，这就是一种古典，亦即一种真正伟大艺术或思想之真实的要求与完成。于是从这里不但出现了塞尚所独有之画面结构，同时也出现了他所谓modulation之色彩层叠的表现法。至于其中之详细情形，我们到后面再谈。于此假如我们以塞尚的绘画，通过了印象派的节制方法，或到他四十五岁左右已差不多完成了的方法基础，并从此而开展了他五十岁以后逐渐登峰造极之绘画历程来说，在塞尚的生命中，还有一件事是我们还要一再提起的。那便是他晚年之彻底孤独的隐居生活。

塞尚艺术的哲学随想

差不多塞尚到了四十岁以后,就已经离开巴黎的生活了。而他之离开巴黎,而回到他幼时之Aix,在他的绘画生命中,含有一个极其重要的意义。那就是说,他重回Aix,即象征了他绘画中之为方法奋斗的过程业已完成。然后他在他绘画的世界中,只剩下他独特之创作的开始与完成了。但于此假如我们以塞尚真正具有代表性的大部分作品,统统完成在五十岁以后的话,其实这就是在他方法完成以后的生命中,还要再经历两件重要之生活上的关键,才使他真正彻底地迈上了他伟大创作的前途。而此两个重要的事件:一件是他四十七岁时父亲的去世;另一件是他五十岁时,他同居的夫人离他而去。同时由于这两件事的发生,才使塞尚变成了一个彻底孤独的隐居者,亦即促成了他伟大创作之时刻的来临。而其中最重要的作品,即包括了《玩牌者》、《大水浴图》、《圣维克多山》,以及《苹果与橘子》、《波拉像》、《红背心少年》、《池上木桥》、《红色椅子中之塞尚夫人像》、《自画像》、《岩石上的森林》等等。

关于塞尚此时期中,孤独生活与艺术间的关系,于此也不必再多作述说了,在下面我只再列举几个他生活上的事实,以作为象征性的说明。

塞尚说:

诗人思想者史作柽系列

> 弥撒和沐浴,是使我变得更为年轻之事物。

里尔克说:

  关于塞尚的晚年,我想我还知道一些。他苍茫,穿着皱损的衣服。当他去画室时,孩子成群地在他背后追跑,丢石头,好像在赶一只丧家之犬。可是在他心灵的深处,却掩藏着一个可爱的人。或者在某些被激怒的时刻里,仍向罕有的访客掷出他深湛的意念……

再如:

  他也时常在早上做完弥撒而去工作室时,将一些金钱施舍给大圣堂门外的乞儿。

其实他的整个生活是单调、枯燥而无味的,尤其是除掉了根植在他心灵深处之大自然,或他要以他的方法而将之呈现的要求之外,已一无他物。
也许在这儿,我们也应当谈一下他对女性的观感,他说:

塞尚艺术的哲学随想

女性只不过是会打算金钱之母牛罢了。

这句话显然有些过分,甚至他自己也和他的模特儿同居了近二十年之久,甚至他也曾恋爱过Aix地方之另一个年轻的女人。不过从这儿我们却发现了一件事,那就是说,人到底还是活在现实中的人,所以不论你有着怎样高度之实质或理想的要求,但到头来仍不免以各式各样不同的方式,而与现实有了某种程度的关联。不过到头来作为一个真正的艺术家或思想家,在他的生命中所真正关切的并不是这些现实事物,所以,在人类中,任何一个真正有彻底追求的灵魂,不论他曾经和现实有过怎样的关联,其于终极的存在中,终必又离开了一切种类的现实事物,而以他那种本质追求的意愿,回归于那苍茫大生命的自然宇宙中去。这是那一个真正老而弥坚之塞尚,也是那一个真正达成其苍茫,而完成了艺术伟大意愿的塞尚。于此假如我们一定要将他整个的生命加以回顾,那么我们便可以在他整个艺术寻求的历程中,找到了三种最紧要的关键与本质,那便是:

其一,近自我或人性实质,并追求到底的年轻而淳朴的心灵。

其二,二十年方法锻炼之巴黎的生活。

其三，老而隐居之孤独中，自然与人性真实的回归。

如以一哲学的方式来看艺术或艺术追求之事，它的说明应当是这样的：

在人的存在中，更大的要求，就能超越更小的要求；最大最彻底的要求，就能超越一切个别的要求。而最大的要求，即人对于宇宙或生命要求最大实现或了解的心。此即通过一切要求，而达其知于不可知之边际的心。

塞尚艺术的哲学随想

六 风 格

塞尚艺术的哲学随想

我想在我们正式进入属于塞尚成熟绘画之风格、方法,或结构与色彩的讨论以前,我们应当先对一般性之有关绘画风格的问题说一下,以便有一个先在的把握,以进入真实的塞尚艺术,或其风格的探讨。我们知道,人活在世界上,不论我们从事于那一种类之文化表达,其实只要我们稍一注意,便可发现,所谓绘画风格或任何种类之文化表达的方向,实际上只有三种最基本的法则,此即:

其一,偏向于主观的表达方式,亦即一种情感性的表达方式,富有直觉的创意性质,但时常缺少一种具实的深度,而各种形态的一般浪漫表达,均属此种。塞尚三十岁前的绘画,即属此种。

其二,偏向于客观的表达方式,亦即一种方法性的表达方式,富有合理之逻辑性质,但时常缺少一种自由的活动力,而各种写实之表达,均属此种。塞尚四十岁左右的绘画,即有此种性质。

其三,无所偏向的统合表达方式,亦即一种真正成熟的表达方式,具有创意之自由性,但不失具实之深刻表现,它是每一时代中真正成熟的表达典型,同时亦即塞尚五十岁以后的登峰之作。

虽然如此,但在人类的表达世界中,并没有绝对情感,或绝对方法这回事存在着。因为不但所有的情感,只要是被感觉或业已表现出来,实际上它已经具备了某种程度之方法性了。否则那种情感,毋宁是既不可能被感觉,也不可能被呈现出来,即绝对自体。但绝对自体、生命自体或存在自体,并非人所能尽知尽表之物,所以说,一切经过人的方式所完成的表达,就都必具有某种程度的偏向性了。同样,当我们说方法的时候,也绝对没有一种纯粹方法或绝对的方法存在着。因为所有方法的存在,不但必有其方法所指向之目的物存在着,甚至一切方法的产生,亦必有某种程度之人欲知解一物之情感或动机存在着,才能将此方法逼现出来。由此可知,一切属于人的表达,都必是以某种程度之偏向性,所完成之某种程度之统合性的表达。只是说,当我们以统合性的观点而看一切实际表达之呈现时,又不能不以情感或方法的两种极性的质素,来加以性质或程度的鉴别罢了。那么既然一切业已完成的表达,都必具有某种程度的统合性,到底怎样才是一种最好的统合呢?谈到这

 塞尚艺术的哲学随想

个问题,我们不能不知道一切批评所必具之比较性的意义。换句话说,批评的标准并不是一种绝对的事物或原则;反之,它往往只有在一相对性,具有比较可能的序列或范围中,才有它真实而正确的意义。所以说,当我们说情感原则时,实际上即相对于方法而来,方法亦然。那么以此而推论,所谓统合,就是相对于情感与方法的个别意义而来。同样,假如我们想要使统合本身产生它真实的意义,并不在于任何一种表达中所必具有之普遍的统合性;反之,而是在相对于个别情感或方法,并超越其个别而有之统合。因之,所谓情感、方法、统合这三种原则之实际而具体的意义,一定要纳入某一确定时代中之绘画的历史,或某一画家之绘画历史的过程时,才能达成其预期之说明上的意义,否则,一切原则或标准的应用,都必陷于芜杂而无所定夺之境。比如说:

塞尚三十岁以前的绘画,是属于情感性的,但是从他印象派的绘画,到他完全隐居于Aix为止,这一时期的绘画可以说是方法性的。从他完全隐居于Aix到他的去世,这一时期可以说是一种统合性的。

原则本来就只是一种说明性的设定物,它自然也不可以拘泥而用之。一般说来,若按照一种真正具有高度成熟或成长的艺术来说,多半都具有这三种不同性质的表达过

程。甚至若就真正达到了人性成熟之艺术表达来说,其所谓成熟之统合性的艺术,也多具有一种人性或情感之回归性。所以如以塞尚来说,其晚年的《圣维克多山》绘画,或其他风景画、水彩画,不但是一种统合性的绘画,同时更具有一种自由而任意之挥洒之情感性质。当然其晚年之情感,若比之三十岁以前之绘画来说,无论如何都以一方法的节制性,而成为一更成熟而具深度内涵的绘画,却不再是那种具有爆裂般粗糙而只表现特色的绘画了。

所以说,天下并没有为方法而方法的艺术,那只是一种过程、一种训练、一种节制的可能与必要罢了。反之,若以艺术之所以发生之真正的情感动机,或以此动机真正要完成之对于生命或自然,所要完成之实质的表达来说,一切主观的情感表达,或客观的写实,都只不过是一种偏向的表达,却只有通过了以上两者的训练或追求过程,最后所完成之统合性的表达,才是更近于人性或自然实质的表达。一般来说,像这种经过了情感与方法之两种过程,最后所获致之统合表达,其实就是一种古典,或一种古典精神的艺术。同时也就是一种塞尚于五十岁以后,所真正完成的艺术。

由此可知,真正的统合,即一种整体性之人性或自然之具体呈现。这是现代绘画所缺少的一种非常重要的质

塞尚艺术的哲学随想

素,甚至也是一切现代心灵所缺少的一种非常重要之人性成熟的质素,同时也就此而说明了塞尚绘画之所以会导领整个现代绘画艺术的根本原因。其于风格上,不但是整个近代绘画与现代绘画间之关键的完成者,同时也是由于其成熟的绘画精神,所具有之统合性的质素,含有最多发展或可能之艺术因素的关系。或者如以塞尚本身之绘画历程来说,其风格完成的根本内容,即:

具有真正存在实质追求的情感是他的开始。

为呈现此实质情感具体表达之方法的追求是他的过程。

以成熟的方法,最后所完成或逼现之不可能表达之存在实体的表达,即他的统合与完成。

这样通过了以上所言有关塞尚绘画之生命、孤独、追求、精神,及至于一切过程性追求之种种。在下面,我们便可以正式地进入有关塞尚绘画之方法或表达的实际探讨了。

塞尚艺术的哲学随想

七 感觉的实现

 塞尚艺术的哲学随想

统合是惟一以人而呈现存在实体的方法。

除此以外的一切,都只不过是偏向于人之某一种存在的境遇,所完成之表达罢了。或为情感,或为方法。其实这都是一种"偏向"的表达,即情感。或以情感而呈现情感,或以情感而呈现方法,均情感中物,即动机,而非真正实现了的感觉或情感本身。

在人类的表达世界中,有一件非常普遍而奇异的事物,那就是说:

在人类存在的境域中,有时我们有一种非常强烈的冲动存在着,甚至有时它会强烈到使我们觉得,我们业已清楚地握有了我们所要表达的事物,或是它业已表达出来了。这就是一种情感、一种动机,或一种热情的本质。但是实际上,此时因为我们的动机或情感过分强烈的关系(强烈即情感),我们根本就弄不清楚我们真正要表达的事物到底是什么样子,甚至就算是我们知道它是什么,也根本不能

知道,到底怎样才是我们果已把它表现出来的事实,或是我们根本就无法将之彻底表达出来。

然后也不知经过了多少时间的磨炼、际遇、追求、等待、忍耐与节制,当我们果然把我们所真正要表达的事物确定下来,并弄清楚了时,很可能我们发现我们真正要表达的事物,其表达的方式,早已走向和早先强烈动机般的方式完全相反的路径上去,其实此亦非他,即方法,或逻辑。

然后又不知经过了多少方法中的锻炼、节制、推理,并尽量地要求有一真正可被确定下来的事物,在我们的表达中完成起来。但最后当我们果然有能力距我们真正要表达的事物愈近,并且我们也真实地感到了它之真实的存在时,我们却发现,人的真正能力根本不在于真正将那一究极之物果然地表达出来;反之,人穷其毕生之努力,真正能完成者,只不过是以动机所达成之穷尽性的方法过程罢了。

这就是人的全部"表达"。

而这种情形,在塞尚的绘画中,也表现得最清楚不过。比如说,在塞尚三十岁以前的绘画中,我们一看就知道,其中含有了一种非常强烈的动机。甚至这种动机的强烈度,超过了所有过去的一切绘画所曾达到的程度,以至于使这一时期中塞尚的许多绘画,变成了一种非常古怪的表现,如《杀害》、《安东尼之诱惑》、《牧歌》等。当然其中所用线条与

塞尚艺术的哲学随想

颜色之怪异之形成,也有两个根本原因,那就是他心中所藏有之强烈之绘画动机,和他无法借曾有过的绘画方法,或当时之印象派的方法,把他心中所藏有之动机加以真切描述。于是尽管说在此时期中,他强烈地爱好Delacrovix、Poussin、Titian或Vermese,但实际上他所寻求或表现出的,仍旧是完全属于他自己的方式。于是从这里我们也就发现了一个真正的艺术家所必具有的一种必要特质,即不因袭,亦不爱好时尚。他自己就是他自己。这就是塞尚,同时也就是真正的塞尚。

当然只有强烈而深刻的动机,并不一定就是好的艺术(其实这在现代绘画中是被准许的,但在塞尚的时代尚未达此程度),所以说,塞尚假如真正要将他所特有之强烈的艺术情感或动机,加以真实完成,那么他必须要再进一步将此动机,在他内在的生活或生命中,加以深刻而具体地成为一呈现物才行。否则一种只具有冲动的绘画,不但是当时的人所不能忍受的,甚至也是塞尚本身所必须要加以改革的事物。而这种情形,一直要到塞尚三十七八岁的时候,才开始完全确定下来,因为此时他已经清清楚楚地知道,他真正要完成的绘画,既不是他早期之强烈动机的绘画,也不是任何外在现象的描述;相反,而是统合了以上二者,而又要超越以上二者的,他所谓感觉再现的理论,或他所谓之"古典"。

其实终塞尚一生所追求的,无非是一种感觉的真实罢了。当然假如我们要真实而彻底地了解塞尚所谓的"感觉"（sensation）,和感觉真实地再现于画面上的方法,就不能不先从他所谓之Realization上谈起。所谓Realization,即实现的意思,或具实地呈现出来的意思,但塞尚所要具实呈现之物,即他所谓的感觉。或者假如我们若再就realize本身的意思来说,即to become the thing itself 的意思。换句话说,所谓实现,就是照它本来的样子,把它自己展现出来。不过这样以来,有一个非常复杂的哲学问题出现了。那就是说,塞尚真正要实现的,到底是他的感觉呢,还是以此一感觉所代表之他所面对现象的本质？因为假如塞尚所谓之感觉,只是他自身内的感觉,而不涉及于在他三十岁以后之绘画中所涉及之自然物象之本质,那么实际上,他大可以从他早期强烈动机之绘画中,一直发展下去,未尝不可以形成一和现代绘画完全相同之纯观念或抽象的绘画。但是无论如何像这种纯自我风格之观念的绘画,在当时并未达到其成熟阶段,而且如以印象派绘画所代表之近代风格来说,近代绘画刚从以神或宗教为主题的风格中解放出来,而使人逐渐趋向了以"人"之纯粹个体,所面对之"自然"的绘画,这样从荷兰早期之风景画一直到印象派绘画,虽然

塞尚艺术的哲学随想

在描述自然实质之成就上，印象派绘画所采取之外光的描述法，无论如何在观念上，已达到了比Constable，乃至Turner、Coubet以前的风景画更深刻的程度，当然其中仍以Monet为最。不过如以塞尚来说，印象派之外光法，并未达成人对于自然的描述，或人与自然间关系的最佳描述，于是从此也就逼现了塞尚所谓realization的理论。但是等到塞尚用他特有的超越于印象的方法，来描述自然的时候，实际上，他所获得的结果，并不是一种单纯之主观感觉的描述，更不是一种外在现象的描述；相反，而是此二者的统合。而现代绘画也正是承此方法，将人的感觉更进一步从塞尚所采取的自然物象中再解放而来，这样很自然地也就形成了一种比过去一切绘画都更自由之纯主观性的现代主义。

由此可知，整个现代风潮的意义，它等于在说，假如外在事物只是一种物象，那根本就不值得在艺术中加以描述；相反，假如在此物象的背后果有一实质的世界或意义存在着，那更只有在人完全从物象的世界中解放出来，才能获得其中真实意义之表达于万一。但是这样一来，一切现象之物不为艺术所取，而本体或实质者，却只在寻求的"可能"之中，于是从这里整个艺术风潮便形成了一彻底自由之一切主观可能之方法性的探索。所以以我来说，整个现代风潮于其根本存在的意义上,就是一种人类表达在绘画上的"方法探讨",这是一种真正属于人之真实的可能与必然,其中从Duchamp之非艺术,一直到纯空间哲学之Mondrian,无论如何,都只是一种绘画中某一方法的可能与探索,至于它是否可以在将来产生出真正属于现代人存、现代人性、现代灵魂之伟大的艺术,实在仍在不可知之数。不过于此我们探其产生之方法与观念上的根本渊源,塞尚的绘画无论如何是一个真正的关键。但在另一方面,假如我们再从塞尚本身来说,他的方法的产生,如以其早期强烈动机的绘画来说,其本质上就是一种节制,甚至它更是一种以外在实质的物象,来节制自身中过分扩张之意象的一种方法。所以说,像塞尚之绘画中,这种特有的方法,在现代派艺术中,毫无疑问地只采取了他方法的指向,却未取其方法中所蕴涵的古典精神。这一方面说明了塞尚对现代派绘画之方法上的导领性,但在另一方面也说明了现代派绘画中精神之缺欠性。也许在将来,现代派的艺术潮流,果能对塞尚之绘画精神有所真正的体悟时,就会形成一种比现代派更现代之具有真正统合性的艺术吧!

塞尚艺术的哲学随想

八 感觉与自体

 塞尚艺术的哲学随想

现在我们先撇开有关塞尚和现代派绘画之间的关系,再回到塞尚所谓之感觉实现的理论上。

塞尚说:

> 自然的深度,远比它外在所呈现的,要深刻得多。

由此可知,塞尚所要实现的感觉,当然不是属于自然之现象的事物;反之,乃是一种远比自然的外在呈现更深刻的事物。但如以严格之哲学意义来说,自然的呈现,在人来说只有两个最根本的层次:一个是现象,另一个就是本体。那么假如塞尚所要实现的感觉不是现象的,那便是本体的,甚至由此我们也可以说,塞尚之整个绘画或生命过程,实际上就是他要实现此一本体性感觉之方法过程。或者关于塞尚绘画生命之漫长过程,如以感觉的实现来说,同样也有三个不同的层次:

其一,塞尚生就了一副哲学家般之绘画的眼睛。从他早期的绘画中,我们已经可以清清楚楚地知道,他真正关注的,根本就不是任何现象的事物;反之,而是充斥在他心灵中之具有强烈动机之本质性的情感,其实我们也可以就此说,他最早期的感觉,就是这种富于浪漫精神之强烈动机性的情感。像他二十二岁时之自画像,直到他二十九岁临摹之 *Christ in limbo*,均属此种。

其二,同样地,塞尚也是一个将浪漫情感,注入古典精神之统合绘画的完成者。于是当他很快地发现,他所要实现的感觉,既不是现象,同样也不是主观情感的时候,他便开始以极大的节制与忍耐,从他早期之文学性的绘画,转向于对大自然之真实的描摹。同时这也就是他奠立了他感觉实现理论的时期。由此可知,塞尚真正在绘画中要实现的感觉,绝不是任何悬空之情感的事物;反之,它毋宁是有固定对象的事物。只是此一对象的存在,既不是现象,也不是文学,而是他对于大自然之伟大的发现,即属于宇宙或哲学性之实体的挖掘。这话的意思也就是说,人的情感固然可贵,但假如一切属于人的真实,不以一比人更伟大的存在事物,来加以节制或琢磨,那么一切属于人的真实或情感,也必不能成型而有价。同样,塞尚之所以要以对于自然之实体的描摹,一方面来限制自身,一方面又完成了自

塞尚艺术的哲学随想

身,这不但要感谢Pissaro之指引,同时也说明了塞尚之超越于肤浅之现象与情感,对于更深刻主观意念的完成,此即他所谓的感觉,亦即以更深刻之人的存在,所感觉而完成之具有实质性之自然的内涵。

其三,由此可知,所谓真正的感觉,或感觉的实现,即在于超越于肤浅之现象或情感,并当人向更具本质的世界去寻求时,把自然的存在当做神明一样在它和自身之间形成一种不休止的斗争与磨炼,或最后在自身中能形成一种向本体追求描摹之方法过程。此即本质,即内在,即实体,即超越,亦即一种形上要求之绘画的完成。

这样使塞尚足足花费了三十年的追求与锻炼(或即一生),他的感觉不断地在加深,自然的真义也不断在向他展示出来,但当他果真有能力把自然看成本体,并视之为神明时,他才清清楚楚地向自身断定地说他的工作失败了,因为他根本无法将那自然的神明,在他的内心所引发的感觉,真实地述说出来。其实如以形上学的观点来看,一个真正的艺术家或哲学家,穷其毕生之努力,所不能描摹之内在的感觉,那就是生命自体。而那一个以此生命自体的感觉,所真正要描摹之自然如神明般之对象,就是宇宙自体。这就是哲学中自体对自体,或自体本身之真正的发生与创造,同时亦即生命与宇宙间一种真正内在的相遇与合一,但它却是以人之穷尽了一切属于人的可能,才得以真实而逼现的。或此一使自体果然得以出现的过程,即塞尚所谓感觉实现的过程。

自然是艺术家之神明。

感觉就是他向神明追求、祈愿,并在神明的面前而战栗之真实记录。

所以塞尚说:

人在自然的面前,永远不会过于谦恭。

艺术家所能加于自然者,无非是以其变幻的过程,在人心中所形成之不休止的战栗之情罢了。

甚至在他去世之前,仍旧写道:

我终生从事对于自然的研究,虽然我时有所进,但实际上,我实在进步太慢了。

这就是塞尚真正的艺术、真正的感觉、真正的追求,与真正逼向于本体世界之穷究的不朽精神。即真正的艺术、真正的艺术生命与精神,亦即他所谓百年不一见之现代派艺术之创造的奠基者。

塞尚艺术的哲学随想

九 感觉、视觉空间

塞尚艺术的哲学随想

毫无疑问，塞尚所谓之感觉是一种精神性的事物，但绘画本身却是一种彻底的视觉领域。于是很自然的，使得整个塞尚在艺术中的努力，变成了对于下面这个问题所提出之穷尽性的答案。而此问题，即：

如何在可以看的画面上，去呈现出那种具有精神性的感觉来？

也许像这样一个艺术之主旨，也可以当做一般绘画艺术的原则来应用，但塞尚之和塞尚以前画家之不同处，在于他所处理之可看的画面，并不附带有画面内所包含的主题在内，而是纯粹画面本身。换句话说，比起因主题而有可看之画面的绘画来说，塞尚的绘画毋宁是为完成可看之画面本身，而去采取的主题。所以说，主题在塞尚的绘画中并不是最重要的因素；反之，主题也只不过是引起他要完成一可看之画面本身艺术的一种动机罢了。此亦即言，塞尚在他的艺术中，其形式或方法的根本意义，是在于完成一空间的构成,而不是任何主题性的表达。也许这种观念在现代派绘画中,是一件司空见惯的事,但在塞尚的时代来说,却是绘画史上第一次的创立。换句话说,塞尚以前的绘画,可以说是一种主题的空间处理,而在塞尚的绘画里,绘画却成了一种纯粹"绘画空间"的处理。而这个意思也就是说,塞尚使绘画的存在,由于其特殊之属于可看的画面中,纯粹绘画空间的处理,成为一种和其他一切意念、主题、感触、联想等,完全独立起来的存在。这样使我们去观赏塞尚的绘画时,不需要任何画面以外之主题联想的助力;反之,只要以纯粹的视觉而进入绘画的空间之内,同时也因此,才使得塞尚的绘画成为真正"发生"或"创生"性之纯粹观赏的艺术。

　　但塞尚绘画和现代派绘画之不同处,在于他并不只是一种单纯之绘画空间的处理;反之,他的绘画空间之构成性的处理,却在于引起或唤起一种恒定性之精神的感召力。换句话说,塞尚的绘画常有一种方法性之精识的灌注倾向,甚至它的完成,更时常是自自然然,毫不借助外力,并使得塞尚绘画中所特有之人格之感召力,以一种哲学的确定性,自然地达成了一种逻辑般之稳定的说服力。它简单,而又极富经营;它深厚,而又以一种单纯而直接的力量,迫力地使人趋向于一种中心的接受感。以上这种种性质,往往并

塞尚艺术的哲学随想

不是一般现代艺术所可达成的。同样,像塞尚绘画中所特有的古典精神,和他以前的古典也大不相同,甚至虽然他热爱Poussin,但他却要以他的方法"再创"Poussin,因之在塞尚的风景画中,不需要人物,不需要那种优雅的光,甚至也不需要那种配景设计的线条。反之,塞尚绘画中所特有的光彩,来自于色彩本身的直接效果,同样,它的结构也来自于色彩本身颤动中之运作的自然结果。甚至他后期的古典大作之Bathers,同样其中之人物并不在人物本身,而是一种结构,或即一种精神内涵之自然设计。总之,塞尚的古典,来自于纯粹画面本身之色彩与结构的自然组合,但不借人物、不借文学、不借故事或其他,一切都单纯地从视觉本身的呈现上着手,而达成其深远而恒定的效果。因之,他的风景画,同样也比印象派绘画加深了结构上的稳定力和内涵的深度。总之,塞尚的绘画,比过去的古典派,更有视觉的效果;比现代派绘画,有更深刻之精神感召力;比印象派绘画,有更具观念的结构力。这是他的特色,也是他对于绘画所完成之一种历史性努力的成果。

塞尚本身了解得很清楚,视觉的存在对于人来说,根本上就是一种非常混淆的存在。而绘画艺术的意义,即在于通过方法,而将此混淆的视觉现象纳入到秩序之中。很显然,这是一种对于绘画艺术,在近代所完成的一次非常彻底,且富革命性之本质上的反省。甚至如果以此标准来说,过去的绘画都太富主题或情感化了,对于视觉本身在绘画空间中,并没有达成其直接而彻底的处理效果。所以若只从方法上来说,塞尚之得之于Coubet与Impressionism(即Pissaro)者,要比得之于Poussin、Delacroix还要多。不过塞尚到底要怎样才能将他所谓之视觉或感觉,通过方法而呈现于画面的空间中呢?

本质上来说,塞尚所谓的Sensation是一种精神性的事物,但假如他想要把他的感觉具体地呈现出来,便不能不将之转换成视觉。同样,塞尚假如要呈现他的视觉,便不能不重新处理呈现在画面的空间。但这一块空间,如以塞尚来说,它具有了感觉与视觉的两种内涵,所以我们可以把它叫做绘画空间。那么塞尚在这块绘画空间中,到底要处理些什么事物呢?换句话说,塞尚到底要怎样依据他的灵感与方法,去完成他的古典作品呢?

毫无疑问,一幅画不能没有它要表现的材料,其实这就是一般所谓之主题。不过在塞尚的绘画中,这个主题本身并不是重要的东西;反之,而只是一个绘画之动机罢了。因之,塞尚以此动机所要处理的,是通过动机所要完成的那一块画布上的绘画空间,却不是直接将此材料描摹性地搬到画布上去。如以塞尚本身的话来说,那就是它在画布

塞尚艺术的哲学随想

上所要呈现的,并不是那个材料本身;反之,而是那个材料在他的心灵中所引起的感觉。而我们所谓在画布上处理或完成一种绘画的空间,实际上,就是塞尚所谓实现他内在之感觉的意思。只是这中间所需要说明的是,如塞尚所说,要想使一个画家在画布上实现他的感觉,并不是一件简单的事,因为感觉只是感觉,感觉并没有办法直接投向于画布上去,所以假如一个画家真正想要完成此一艺术的任务,势必还要经过一种方法性的转换过程才行。而此转换过程,并非他物,即思考,即结构。因为在画面上真正呈现的,并非感觉本身,而是感觉之代换物,即线条,即色彩。而在塞尚来说,即结构,或在画面上所呈现之色彩的结构。因为在塞尚来说,线条并不是重要的东西,关于这一点,我们将在后面讨论到。由此可知,在塞尚绘画的理论中,所谓感觉、视觉与思考,三者根本是不可分的一环。同时也正因为这三者之间混同而不分的情形,而使每一者的存在,都超出了一般字面的意义,而成为高度艺术中的"存在"事实。比如说,塞尚所说的感觉,根本是一种高度存在性的精神世界。他所谓的视觉,也不是一般所谓"看"的意思;反之,而是一种艺术的"确定"。而所谓思考,就是一种逻辑、一种结构、一种完成或实际的呈现。甚至这三者之中,果然使感觉与视觉得以呈现者,即思考,即一种超出一般画家之上之更深刻的钻研精神。所以塞尚说：

> 我们和自然的接触，即获得了一种训练。……但我们却只有靠了专心一意的钻研，才能将混乱的视觉纳入秩序。所以说，艺术即以人的感觉，透过视觉的确定，所完成的一种"结构"之理论。

由此可知，塞尚的绘画，若只从画面上去看，也许我们可以把他和他同时代，或古代其他伟大的画家等量齐观。反之，假如我们认真地去了解他整个生命的历程，他伟大的绘画动机和他深刻的绘画思想，我们便可以知道那种在他所处理的绘画空间中，其深厚而缜密之色彩的结构，于其根本意义上，实在非同小可。因为假如艺术是一种人类的才能，那么一般艺术的才能者，只不过将其才能直接投掷在画布上罢了；而塞尚所完成的，却是将人类如何投掷其才能之再反省的方法本身，逻辑地投掷到画布上去。换句话说，他不是在画一个东西，而是使人知道怎样才是去"画"一个东西。此即对绘画艺术本身存在意义之彻底的反省，也即在塞尚身上重现了绘画艺术的根本意义。甚至这种意义和哲学或形上学是那么的接近。或者塞尚在绘画艺术中所完成的意义，一如哲学中的情形几乎完全一样。因

塞尚艺术的哲学随想

为真正的哲学本身存在的意义,并不在于思考出一种理论来;反之,一个真正的哲学家,之所以能思考出一种哲学的理论来,根本就是借对于哲学存在意义之彻底的反省中,所完成之对于怎样去思考出一种理论来之思考本身,再加以彻底思考或反省而来。比如塞尚曾经就说过这样的一段话:

> 绘画里面有两件重要的事,一个是视觉,一个是心灵,但此二者在绘画中却必须要调和一致才行。所以说,作为一个艺术家,一方面,用我们的视觉观看自然;另一方面,用我们心灵的逻辑来统驭我们的感觉。这样我们才能将此二者和谐地展现出来,以达到我们表达的目的。

由此可知,假如只以视觉而产生绘画,那就全无艺术可言了。反之,假如我们要想使我们的视觉,果然是一艺术的视觉,那么它就必须要伴随另一个条件才行,这便是我们的心灵,也只有心灵才能提供我们真正的动机与情感。但同样,心灵若只是动机与情感,那仍不是一个真正的艺术心灵;反之,一个真正的艺术心灵,就是要做到将心灵的动机或情感,达到逻辑或方法之处理的程度,才能将我们

艺术的视觉真正地表达出来。这是心灵与视觉的合一,同时也就是视觉、思考与心灵感觉的合一与不分。所以塞尚又说:

> 为了要完成我更深的感觉,我一定需要思考与知识。同样,为了要达成我更深刻之对于自然的知识,我也必须要具有更深刻的感觉才行。因为我所要完成的是真正的"古典",同时也就是以思考而将自然与感觉统合起来的古典。

这就是塞尚所谓再造一个自然中之Poussin的理想。假如我们再说得更清楚些,那就是说,塞尚并不是再造一个17世纪的Poussin;反之,而是再造一个通过浪漫世纪而又在19世纪印象派绘画与科学同其发达世界中之Poussin,是19世纪末期之古典,同时也就是印象派绘画后之最高之绘画精神与成就,亦即现代派开始时之一种真正的古典。

其实说起来,如果说古典是绘画中的一种最高成就,同时它也是一切人类文化部门之中最高成就的准则。换句话说,真正的古典根本不是浪漫的对立物,同样也不等于理性;反之,它却是浪漫与理性的统合。也许从表面上看起来,这是一件不可能之事,因为如果说既是浪漫,而又是理

塞尚艺术的哲学随想

性,那便是矛盾。其实我们不要忘记,我们看塞尚的绘画,之所以会得到深刻的感动,就是因为在他的绘画中充满了这种矛盾的缘故。比方说:明明在他的绘画中,只是一种主观之情感的表达,但是我们却看到了比我们所看到的现象更真实的现象;明明在他的绘画中,只不过是层层叠叠之色调的变化而已,但是我们却看到了比线条更结实之自然的结构。诸如此类,不一而足。这到底是为了什么?无他,如以塞尚来说,单纯的情感表达,或单纯之视觉方法的绘画,是根本不值一顾的事。所以他不但放弃了他早期之浪漫精神之强烈动机的绘画,同时他也放弃了印象派的视觉方法。从此他不但节制了他的情感,而得到了更深的情感,其实他也同样超越了印象派的视觉方法,而得到了更具感觉深度之塞尚所谓Solid and durable in the museum的绘画。换句话说,假如我们以为浪漫与理性为矛盾之物,其实那只是就固执于情感或方法之某一浅显的偏见上而言之罢了。这样既不足以知真正的浪漫,也不足以知真正的理性或古典,当然也就没有真正人性高度之成熟度可言了。反之,假如我们真能将情感有所节制,或将理性恢复其原创性的人性实质,其实那就是一种古典、一种情感与方法的合一,亦即理性与浪漫之合一。由此可知,在当时塞尚之所以敢言"数今日画人,舍我其谁"之狂言时,其实他是有相当原因才说出来的。此亦非他,即在于塞尚真知于古典之实质,并有为于此,他人则一情一艺罢了。

  古典,象征着一种人性之成熟的可能,同时也就是以人而描述自然实质之惟一之基础。希腊文化之高,即在于此。但降至近代,虽多有发明,但多成一偏,画中有塞尚者出,实稀有之事也。

塞尚艺术的哲学随想

十 古 典

塞尚艺术的哲学随想

其实说起来,塞尚之懂得古典,并追求古典,老早在他十几岁和Zola在一起读书时,就已深知于此了。但是谈到塞尚在艺术中之古典基础的奠定,并开始走上成熟之路,那已是他四十岁以后的事了。或者谈到他古典艺术之真正成熟,那恐怕已是他五十岁以后的事了。所以说,一种真正古典精神的成熟或文化的塑造,如以塞尚来说,没有二三十年以上的锻炼过程,根本就不足以为法。甚至就算是人肯花那么多时间去追求、去锻炼,但是在十几岁时,没有奠定一种对人性实质之彻底而高度的领悟与要求,那种努力也未必真能成就一种"古典"。因此也就无怪乎塞尚要说:"你看,Monet有一双多么伟大的眼睛啊!"眼睛固然有,但艺术最高成就之古典心灵则未必。

这也许是塞尚之狂放之言,不过这到底是由于他对艺术之更高度的要求而来,否则塞尚也只不过是落入印象派,而为一派一槀臼之画家罢了,则未必会有他今日的名声、影响与成就。但是实际上，也正因为塞尚生就了一颗比Monet更高之艺术心灵，并把一切标准放到太高的位置去了，所以也就使他不论在生命过程，或是艺术过程中都遭遇了比一般画家更多内心的焦虑、矛盾，或不被人了解，而又不能忍受别人之肤浅的痛苦与冲突。其实说起来，世人对塞尚之为人或生活，常有两种说法：一种是说，塞尚性情孤僻，不善交游，多有神秘之感；还有一种干脆说他脾气乖戾，而不近人情。其实这种情形，也并不怎样令人费解，而此中根本的意义，也无非是说，假如一个人在其内心深处里，果然有了一种属于灵魂或心灵，乃至人性之高度或具有彻底解决性之统合要求时，实际上，他业已离开了人群，而走到那个罕有人迹之人性的道路上去了。但就一般来说，人不但往往并无此要求，甚至也根本看不到此事此境的真实存在，或者就是说人果能有见于此，也只不过是指手画脚像说故事一样地数说一番罢了。至于使人果能终生奉献于此，并真知而有得于此，那实在是凤毛麟角之事。所以说，假如塞尚果知于古典，并终生向此成熟人性之古典上而奔赴时，其标准已高，并距一般者也已远而又远了。若是而使得他由乖戾而彻底隐居于Aix，以终其一生者，实在也无他途可循了，除非说，他能活在真正的希腊，并和Plato之dia-logues中所讲的社会一样，那塞尚是何形态，则又另当别论

塞尚艺术的哲学随想

了。

所以说,降至近代,由于社会、科学等的重大变迁,假如我们将精神性的古典要求和精神上的孤独,分为不相关之二事,那无论如何是一件不可能的事。但也惟其如此,人才能在真正的孤独中,接受锻炼,而达成一真正哲学、艺术、道德或宗教的成就。而塞尚在艺术中,实际要完成者,即属此种,其能知者,自能知之,否则不足与外人道。再者,一般所谓艺术,或浪漫,或理性,其实均不过是去真正统合性的古典,居于情感之一偏之见,是以其多流于狂放而轻举、不足与言自然实质之形上之境也。闻塞尚之所言、知塞尚之所求,其不同于一般,实为了不起之艺术家也。

由此可知,一种真正的古典,不但在人性或情感上,要有彻底性之深度的领悟,甚至在另一方面,讲良心话,人不到四十岁以上,又何能成就一种真正古典之可能!孔子"四十而不惑",孟子"四十而不动心",在我来说,即中国之古典也,亦人性中一种成熟的起始点,亦礼乐之事。东西或有别,其事一也,亦不可不知之。

一般说来,塞尚最高成就的古典作品是他的《大水浴图》和《圣维克多山》。但是他的这些作品,严格来说,已经可说是苦心极诣,近哲学之作品,所以于此假如我们只以艺术看艺术,来说明塞尚所谓古典之真实意境,恐怕要以他*Rocks at Fountainblean*为最，其次就是*Rocks in the wood*。这都是他五十多岁，近六十岁时之作品。

塞尚之这一部分作品，就像我当初看到他的*Great pine at Mont Saint-Victoire*、*Bridge and pool*等作品时，一样充满了不可言喻之惊异之情。比方说，*Great pine at Mont satnt-Victoire*中，通过他仔细而审慎处理过的结构，向人透露的那种不能息止之永恒的宁静感。或在*Bridge and pool*中，以他所特有之modulation的方法，所处理之色彩的层叠与内在的运动性，更产生了不可思议之自然中，所蕴涵之深厚而丰盛的质量与内涵的深度。或以上所举二Rocks的作品，更超出了一般在塞尚的绘画中，以结构和色调而带来的特殊效果；更呈现了一种极其超越之抒情特质，而使人不休止地回忆起恬静地充斥在山上或海边之希腊的神话世界来。不但其中之树、岩石或天空，以其特殊色调处理之几何结构的画面，而形成一种有机性之诗意的组合，甚至尤其是其中树与岩石间之抒情性之互应感，更强烈地向人传送那一种真正属于古典情操之典雅而有分量之生命的语言。它有一种特殊深刻之激越的情感，但以方法节制之，而成为全然自由而奔放之愉悦且丰盛之生命情调。其毫无逾越，而有一初生之机。其情默涵，瞬变而不息。其色彩与结构，实在已达到了炉火纯青之密切而不分的统一之

塞尚艺术的哲学随想

境,说起来,这实在是塞尚绘画中,最富抒情性的古典作品了。

在这里,塞尚早期之浪漫情感,早已通过了他数十年之生命与方法的锻炼,转化而为一深不可测之极富自然神秘感之典雅的抒情。我们看到这种绘画,也看到这种生命,若对于一个艺术生命的寻求者来说,实在也再不能有所要求了。艺术,它来自生命,它更要呈现生命。但在要求与呈现之间,在塞尚来说,就是他数十年之方法的锻炼与成型。艺术,若只在于方法,那也只不过是一技一艺罢了;反之,艺术却只有在生命之要求与锻炼中,才能将真正的方法加以完成,并终而将生命隐然地呈现而出。至于其他,则在次之罢了。

以我来说,一切属于生命、艺术、哲学或宗教之事,如只是知识与方法均不足以为法;反之,却只有完全属于自己之生活方式,才是决定一切之根本因素或力量。因为知识与方法之事,多多少少天下人都会说一些,但自身果能以其所知而加以实践者,却少之又少。至于人之所以不能如此,无他,其所知并非真知其所知罢了,即无真实性。但人贵在真实与实践,其他均不足恃。所以说抉择,即真正的伟大。

塞尚在他去世前不久,曾写信给Bernard说:

诗人思想者史作柽系列

终我一生都在努力地探讨大自然的奥秘,但我的进步是那样的慢,如今我又老又病,所以我活着之惟一可能与意义,也无非是誓以绘事而亡罢了。(结果塞尚果然在野外写生时淋雨,因肺炎而去世。)

其实这话的意思也就是说,尽管在塞尚的生活中,有多少绘画以外的事存在着,如家庭、婚姻、恋爱等,但无论如何那都不能在他的生活中,占有任何决定性的地位。因为在塞尚来说,真正能呈现他生活实质之事物,惟绘画而已。此亦即言,绘画是他生活之真正的全部,而不是一部分,即专注、惟一,而没有其他。同时也只有如此,他才能奉献于他那神圣如神明般之自然的世界。或即一种献身、孤独与一种人世的牺牲。当然在另一方面,对塞尚来说,就是他生活的一种必然、自然,或不得已。比如他谈到他的妻子时说:

她只不过是一个只喜欢瑞士和喝柠檬汁的人罢了。

你看,这要塞尚怎么办?

塞尚艺术的哲学随想

此外,假如塞尚所追求的是一种真正的古典,而此古典,即一种生命或艺术之成熟精神的话,那么其实像塞尚这种固执于古典绘画的要求本身,其于根本意义上,又何尝不是一种执意之浪漫情感呢?由此可知,在人性、生命,或艺术之终极性的追求中,所谓浪漫、古典、理性、情感等等,根本是不可分的一体;反之,却只有在一些陷于中途之模棱的道理中,才会有那些优劣之别的。若只就生命或艺术之终极来说,无他,所谓浪漫与古典,都只不过是一种不同等次生命里面的真实罢了。其他无物。

我们试想想看,若情感不专一固执到底,又何尝有真正的古典?同样,情感若不转化而为一节制之色调的整体步骤,又何尝能以方法而呈现为古典?相反,古典若不以纯粹情感之支撑,并追求到底,又何所完成?方法若不以情感而为本,又如何启发、彻底,并得其善用?唉!说起来,这一切都无非是人性中真正彻底的真实罢了。这在塞尚来说,是他生命的惟一可能,亦即他艺术的惟一可能。假如说塞尚的中心思想在于realization与modulation,其实这只不过是因为他就绘画讲的罢了。但在另一方面,绘画即他的生命,所以realization与modulation也同样是他生命的法则,此亦非他,即彻底生命的实现与方法性的过程罢了。此即真正的古典,亦即情感与理性的合一。

塞尚艺术的哲学随想

十一 空间与整体(一)

塞尚艺术的哲学随想

纵观塞尚绘画之整个历程,其在方法上具有革命性的建树,并完成了他新古典之风格者,如以哲学来看,即在于他对于绘画本身,所完成之彻底以现代方式对于"绘画空间"的处理上。而所谓绘画空间,实际上,就是塞尚以他特殊的反省,所完成之比过去的一切绘画,更具绘画意义之一种纯粹属于绘画之空间的处理与完成。不过塞尚之在他所特有方法的处理与解决上,第一个在他绘画空间中,所建立的根本观念,即绘画空间中之整体观,或绘画空间之整体性的处理。但是到底怎样才是塞尚绘画中,所显示之绘画空间之整体观呢?说起来这是一个非常繁杂的题目,不过我们还是应该从塞尚本身的绘画思想上讲起。他说:

我们只用眼睛去看外面的事物,又何尝有一个确定的边际?

他又说：

你看，我就要有一些真实的进步了。但是你一定要尝试着了解我，而我的意思是说，使我进步的原因，是因为我一直觉得轮廓在逃避我。

由此可知，如以塞尚来说，像我们以普通的视觉来看事物的那种清楚、确定而毫无怀疑之轮廓或边际，若以绘画的根本精神来衡量之，那确实是极其肤浅而无意义的事物。其中的原因，若以塞尚感觉实现的原理来说，也许不难了解。不过在另一方面，如以塞尚本人来说，其感觉实现的道理，却并不是一件一蹴而就之观念。因为假如塞尚要实现他的感觉，塞尚本身知道得很清楚，事实上必须要借助一套完整的方法或表达的体系才能完成之，其实这就是他所谓视觉与心灵合一之逻辑。但这种话说来容易，到底那个视觉与心灵合一的真正逻辑又在哪里呢？谈到这里，事实上我们便不能不提到塞尚之几何学造型的理论。关于此几何造型的理论本身，我想到后面再详细讨论之，于此我们所要了解的是，尽管塞尚有一套非常完整的几何造型理论，但是实际上他自己却从不曾把此理论直接搬到画面上去实现过。说起来，这实在是一件非常令人大惑不解的事。

塞尚艺术的哲学随想

不过，假如我们真能欣赏塞尚绘画的本质，甚至更能了解他所谓古典的根本精神，关于这个几何造型的问题，也就不是什么令人无法了解的事了。因为所谓古典，其根本精神上是一种统合，或比一般方法更高度之方法性之统合，即情感与方法的统合，而非任何一种单一方法的表现，或即此方法与其对象或情感的统合。所以说，几何的结构，在塞尚来说，是一种方法，那么实际上它只是一种观念之过渡，或其达到实现感觉的必要条件，却不是惟一，不是绝对。因之，他也不会直接将几何图形搬上画布，不过在另一方面，我们却也可以在塞尚的作品中，找出许多仍具有此种方法之特色，或近于后来立体派之动机的绘画来，如他的 *Jas de Bouffan* （1885—1887）、*Self-portrait with Palette* （1885—1887）、*Madame Cezanne Sewing* （1887），或 *Partrait of Madame Cezanne* （1879—1882），都是最好的例子。尽管如此，在塞尚的绘画中，其终极要表现的是色彩，而不是单纯的几何结构；是隐含在色彩中的结构，却不是任何线条之轮廓的现象。因为在塞尚来说，线条与轮廓都是肤浅的东西，而他真正要达到的，却是那一种惟有层次分明而对比的色彩系统，才能表达出来的那种充分具有了形上超越性之生命或感觉的自体世界。关于这一点，塞尚本人有一段非常重要的说明，他说：

我尝试着用色彩来表达我所谓透视的意义。因为在我来说，在绘画中，并没有线条或造型（model），而只有对比。但就即便是当我们以色彩来呈现对比时，也不是用黑色与白色的对比性；反之，而是用我们对于色彩之真正内在的感觉。因为我们要画我们以真正有"感觉"的眼睛所看到的东西，甚至当我们这样去表现的时候，仍旧不能不将所有我们所曾知道的一切统统予以忘掉。

其实说起来，这段话可能是近代绘画中，既懂生命，又懂绘画方法之最高度的理论意境了。但如以哲学的观点来说，在美术史或美术批评中，对此并没有完整而彻底的说明。而且一般的画家对塞尚的理论，也只不过有其片面而已。当然我们也可以看到史家、画家论画之动人的语言，比如像Andrew Lote说："塞尚是以灵魂来画画的人。"或者Frank Elgar也说得很好，他说："塞尚终身痛苦地斗争在完全属于他自己的心灵与感觉之间，但是他却从不曾被他的感觉征服过。"当然他们或Loran都曾对塞尚的绘画方法，有过精密的分析，但却很少及于使塞尚绘画发展成型之内在观念的过程和结构分析。换句话说，他们多是就画面上

塞尚艺术的哲学随想

业已有的成果,而去进行分析,却时常都未涉及所以使画面成型之原创性的观念过程。说起来,这也许是一种哲学的工作,而不为艺术家所熟悉,但事实上,我们却要知道,塞尚的绘画理论,绝不同于一般,甚至它早已超出了一般所谓美学的领域,而成为一种真正的绘画哲学,甚至更是一种绘画的形上学,或一种非常具有方法性的绘画形上学。所以说,如以哲学的方式来处理这个问题,我想应当是这样的:

前面我们已经说过,塞尚之所以异于以前的绘画,其于观点上,可以说是一种"绘画空间"之处理。当塞尚去处理这种"绘画空间"时,含有两种基本要素:一种是几何的结构,另一种即色彩层叠的色调法。但是毫无疑问,在塞尚的绘画中,并没有纯粹的几何图形出现过;反之,在塞尚的绘画中,所谓几何结构,实际上早已被色彩吸收掉了。同时由此也就形成了塞尚所特有之呈现感觉的方法,即modulation。但是这样一来,很明显的,有一个很重要的问题出现了,那就是说,塞尚明明非常注重他的几何结构,但他的实际方法却是色彩,那么他到底又是如何从他的几何结构,转换而为一色彩的结构呢?这应该是一个非常特殊而复杂之哲学过程,同时亦即我们纵观塞尚之整个绘画历程,所获知之"整体"的转换法。但是什么叫做"整体"的转换法呢?

我们可以在下面做这样的解释：

所谓"绘画空间"也就是说，塞尚要在画面上完成一非主题性之完满的画面。换句话说，即设法去完成一真正具有整体性的绘画空间，即非割裂，亦非死板，而是一种无所分割般之整体，而又富于真实感觉之生命的绘画。那么塞尚要这样去做的时候，不但以他的浪漫情感无法完成；同样，如以空间的透视法，也一样无法完成。因为所谓浪漫情感，实际上只是一种动机，根本就不具有一他所要求呈现感觉的方法结构，自然也无法达成他所要完成之绘画空间的目的。但在另一方面，一般视觉的透视法，如以塞尚来说，远比他浪漫的动机更为肤浅而模棱。不过如以绘画本身来说，绘画无论如何还是一种视觉的艺术，所以其于方法的呈现上，借助于视觉透视者，要比动机的情感还多。那么其中问题是说，到底怎样才能将一透视的空间，转换而为一感觉的空间，以呈现感觉自体的世界呢？

关于这一点塞尚知道得很清楚，所谓透视根本是模棱而不定之物，因为空间中一物之成为可能，并不在于以单纯的轮廓来呈现此物，而更在于使此物成为可能之空间本身的存在，否则此物之呈现，毋宁是一模棱不实之物。所以说，所谓透视空间，实为一看似真实，而实模棱之物。同时这也就是为什么我们看一切风格的写实作品，都有一种空

塞尚艺术的哲学随想

泛而无真正深度感的根本原因。除非说,我们在写实中也注入了某种主观的情愫在内。其实说起来,写实本身又何尝不是一种主观情愫的要求呢?所以说,在绘画中,根本就不可能有一种"纯粹"写实的作品存在着。相反,不论写实与非写实,其实都只不过是一种主观的要求罢了。因之,塞尚之要求于绘画者,根本就不在于某一种主观的呈现;反之,若相对于某一种风格之主观来说,他所要求者乃主观自体,即感觉,即真正具有感觉的视觉,亦即超出一般情感或透视之主观或感觉。

或者我们也可以这样说,所谓没有纯粹的写实,一如没有纯粹的透视空间一样。因为真正使透视空间中之一物成为可能者,看似远近法,但若从根本上探求之,实则不然,而是使远近法成为可能之空间无限延伸之可能性,即"无限"的可能。同时也只有由此才能使人了解,为什么在风景画中,愈能表现空间之辽阔感时,愈能引起人们的好感的根本原因。此亦非他,即愈辽阔愈能表现无限感,即愈能表达空间存在之本质。但是实际上,在风景画中,如以现象之透视的空间,来表达空间或空间的无限性,并不是真正的无限或空间本身;反之,只不过是以"远近法",形成一些大空间与小空间之间的对比,并借以引致一些无限可能之幻觉罢了,甚至连人之真能感觉到无限之感觉本身的结构都不是。

　　所以说,只要我们承认空间是呈现个别事物之必然因素的话,那么在绘画中,我们愈在空间中去呈现那些个别事物,不但根本不足以呈现空间之根本性质,甚至一切在不定空间中所呈现的个别事物,往往也只具有形象的肤浅性,而全无空间或个别事物之实体性。同样,就是我们将空间中的个别事物统统拿掉,这样虽然空间本身果然变得空旷起来了(Tuner的风景画就具此性质),但仍不为塞尚所取,因为这只能表现一种相对于个别事物之情感作用,却不就是那种属于空间本身的真实结构。于是从这里也就出现了塞尚绘画中所特有的空间处理,或纯绘画空间的哲学表现。而它的意思就是说:

　　真正的空间,既不在于远近法,也不在于看似空旷的无限感。反之,当我们面对着我们所看到的个别事物,去考虑它的空间,或设法去呈现空间本身之无限感时,其实它根本的意思并不是说,我们果真要把那种空间延续的无限可能,加以形式的呈现;反之,人之所以对他所面对的事物,去作这种空间的考虑,其根本意图,固然是在设法去握有一种果然使此物得以呈现的根本要素,但在另一方面,又何尝不是设法在画面上,破除一切属于事物之肤浅的形象或意义,而将其真正的实体给发掘出来呢?所以说,真正呈

塞尚艺术的哲学随想

现空间之无限性,即在于呈现空间的本质性,但呈现空间本身的本质性,根本就无法借任何有限的空间来加以表达,因之,人之要呈现空间的本质,和呈现一个体物的本质,完全是同一层次之表达,即超出形象、超出轮廓,以真正的感觉到达自然之实体的内部。或者这也正如塞尚给Bernard所说:

> 自然之真正的深度,要超过它的形象多多……所以我们不但要将业已呈现在我们面前事物的表面予以穿透,同时我们更要坚持着按照我们自身所可能的方式,把它逻辑化地呈现出来。

这里所谓之逻辑,其实就是塞尚所谓之几何结构的过渡,即球形、圆柱体、圆锥体。那么就此塞尚是否要将他的几何结构,直接搬到画面上,以呈现他所谓之感觉世界呢?当然不是的。因为假如塞尚真的这样做了,顶多他也只不过是一个立体派的画家罢了,并不一定就能成就一个真正古典主义的艺术家。因为,第一,如以塞尚来说,在自然或绘画中,并没有真正的线(line)或型(model),而只有对比。所以假如他果真用几何造型而做画,实际上那只是另一种方法性的肤浅罢了。第二,塞尚所谓之几何结构,只是他所谓逻辑之一部分,或只是一个呈现感觉实体的开始,而非终了与目的。换句话说,在塞尚的眼中,自然的内部有一种和他的表面外部,看似完整之同样具有整体性的结构。但人之要真正地去发掘它,不但第一步先要使表面的线条倾颓,平面折下,并发现到其表面以内的几何结构。同时,第二步我们仍要将此自然内部的结构也予以凝聚、中心化,并经过真正有能力去观察自然之心灵水平的世界中,而成为一不动而恒定之几何的"点"。所以塞尚就曾经这样说过:

> 我们要拿自然之内部的结构来看自然,那便是球体、圆柱体、圆锥体。但当我们以此而透视自然之内部的真实时,我们却又发现,所有充斥在自然中之线与面,统统都在观察者之水平视觉中,汇聚而成为一中心的点了。

由此可知,塞尚所谓呈现了感觉可能之层叠色调的方法,至少是经过了四层转折之逻辑结构才完成的,此即:首先,由自然内部的几何结构,将形象之远近的结构法吸收掉。

其次,自然内部之结构,被一观者心灵中的一个凝聚

塞尚艺术的哲学随想

之中心点吸收掉。

再次,真正观者心灵中中心点之呈现处,其实就是一切形式的形象消失的地方。而一切形象消失的地方,才是人之真能呈现自然之深度感觉开始的地方。

最后,人之真正属于自身内部感觉开始的地方,才是绘画之真正开始的地方。即塞尚所谓真正面对自然之 *thrill*、*slight*、*shock*,同时亦即他所谓 modulation 形成之根本缘由。

你看,真正的艺术,开始在艺术家挣脱了一切形象的束缚,而以其内部的生命,而面对内部实体之自然的可能里。这是一种自由,同时也是一种真正斗争的开始。所以塞尚又说:

> 艺术对于我来说,只不过是一种生命的冒险罢了。一切呈现在画面上的事物,不论是一笔一画,它并不是色彩或笔触,而是属于我整个内在生命的冒险。

艺术如不到这种程度,又那里有真正伟大的艺术?这也无怪乎他要称 Renoir 为 Craftsman,并说 Monet 只有一双伟大的眼睛了。此亦无非是说,真正的艺术或古典,必须是逻辑般深究了人之内在深极的心灵,然后才得以在形象挣脱的世界中,将感觉提升而为一全然自由之艺术心怀,以从事于塞尚梦寐以求之对于神明般、自然意义之冒险或发掘的。但即使如此,塞尚是否已将那神明般自然的真理,予以彻底挖掘了呢?没有,完全没有,塞尚知道得很清楚,所以他说:

> 我用我的方法来诠释自然,和我必须要接近自然,并得其全部的意义,几乎是同一件事。……因为在艺术中,人真正能做到的,只是以自身所能完成之一种穷尽般之逻辑性的观念,然后再设法投掷到人所要表达的事物上去。这样一来,我们所真正完成的,并不一定就是自然或真理本身,但这已是我们所能完成之穷尽性之自我对真理的一种投射了。

说起来,这无论如何已是人类表达世界中之了不起的智能了。我们并不能够了解塞尚对于科学与哲学的了解到底有多少,但只凭他以追求绘画表达的经验来说,已经可以称得上是一种绘画中之形上哲学了。

人之追求真理,生命与自然乃一必然之事。但人之穷其毕生之努力,所真能获得的,也无非是一种生命尽底中之不休止向真理逼近的根源与动力罢了。反之,假如我们

 塞尚艺术的哲学随想

以为我们果然已得到真理的全貌了,那我们也就永远地落于真理之真正追求背后去了。但对于此点,人常不能自知之,即不曾以努力而尽己任罢了。即以所得而沾沾自喜,即无真理,亦无对真理之谦恭与默默无休止的追求。

塞尚艺术的哲学随想

十二 空间与整体(二)

塞尚艺术的哲学随想

真正的整体，如以塞尚来说，即非形象、非轮廓、非线条、非一般之造型；反之，而是由于人对于实体与生命之彻底的要求中，通过逻辑性的方法追索，最后才得以完成之人面对自然，所必获得之那种惊异之感觉，或其表达方式。但是如以画面之表达方式来说，在塞尚绘画之历程中，这却不是一件一蹴而就之事。因为其间至少要花费了塞尚十年以上之方法上的追索。比如说，假如我们以风景绘画，是表达绘画中空间观念之最好的说明的话，那么在一般印象派以前的风景画中，我们也可以找到其于空间表达上之三种最基本的特色，那就是说：

第一，其空间中之造型，均以远近之透视法，统统归向于一终极性之地平线上去。

第二，但地平线本身并不具空间的根本意义，反之，使地平线果然有效而存在者，即天空。所以说，天空才是使风景画成型之根本要素。

第三,当然在一幅画中,只不过在呈现地上的造型、地平线与天空,或以一种风景中,而隐含此三种要素,并不是什么好的作品;反之,一幅风景画之所以吸引人,乃画家借此三者的存在,或在此三者的存在中,完成一因天空的存在所形成之特殊"光"或"气氛"的表达。

所以说,假如我们以天空的存在,是风景画的根本结构,那么实际上,在绘画中,天空的重要性并不在于它是地平线上面的一块无尽的空间;反之,却是因为它是一种笼罩,即一种使一切空间透视成为可能之"光"之存在的本质。我们明白了这一点,不但可以说明,为什么风景画之动人和"光"有不可分的原因,同时也可以就此而说明特重方法之印象派外光法的根本意义。

但在另一方面,如以塞尚来说,其对于风景画的处理,或对空间的看法,却全非如此。为了达到绘画之真正深刻的理想,如前所言,毫无疑问,塞尚是反对远近透视法的。甚至如以塞尚来说,为了达到生命内在之感觉实现的目的,那么一切属于感觉前之肤浅事物,一律要摒除。这样以来,既无远近法,亦无地平线。既无地平线,自然亦无使透视成立之天空存在的根本地位。所以说,塞尚是一个和天空无缘的画家。换句话说,塞尚从不寻求那些一般视觉中,看似伟大而神秘的事物;反之,他却只寻求在他所

 塞尚艺术的哲学随想

特有之心灵视觉中,可被他确实把握的事物。同时也就从这里延伸出了,塞尚和一般画家于绘画之观念上,极大之不同处。那就是说,假如一般画家于其观念中,总是以视觉去画他的视觉和外在有关系事物间之表达可能;而塞尚却是以一经过精密之逻辑结构,才得以呈现之内在的心灵世界。好比说,假如我们真正要描摹透视法的外在世界,那么其最根本的方法,就是设法去描摹天空。但在塞尚来说,描摹天空的现象,是一件极其愚蠢的事,因为人与其描摹天空,远不如描摹我们心中对天空的感觉,要来得更实际而有效些。但同样的,在塞尚来说,人之描摹其对天空的感觉,无论如何并不是一件容易的事,因为它需要比远近法之透视逻辑,更形精密的结构或方法才行。换句话说,人之果真能描摹人对于天空的感觉,实际上就是要建立一人能够感知天空之感觉本身的逻辑结构才行。甚至此结构的中心点,即塞尚所谓破除透视法之外表,而进入于现象内层之几何结构。所以从本质上来说,塞尚之反对远近法,实际上,就是以自然之更深刻的结构,将其现象的外形予以吸收的意思。然后从这里,他再进一步以一生命中更形深刻之感觉的点,将他的几何结构予以吸收,才能逻辑地进入于非外光法之内在生命中色彩结构的运动世界。由此可知,塞尚之反对远近法和外光,根本

诗人思想者史作柽系列

是同一逻辑之发展的必然。而其根本的意思，也无非是说，人不可以被一些外在肤浅而不定的现象弄昏了"理智"的头脑，而尽是去画一些似是而非的东西。因为不论我们怎样去描摹现象，不但永远都不是那个现象背后所隐藏的本体，甚至更糟糕的是，把自己永远地限制在一肤浅的方法上，连一切自身把自身更进一步作观念性发掘的可能性，一起都给葬送掉了。其实说起来，这不但是当时或以后的画家不能真实了解塞尚的地方，同时这也是塞尚在观念上，为绘画建立真正哲学可能之伟大处。假如于此我们想要用几句最简单的话，来说明塞尚绘画哲学的根本精神或意义，那就是说：

　　人之知道有现象的存在，并不能以止于现象的描摹而满足；反之，人之知现象存在的根本意义，却在于人以其知现象之更深刻方法性的反省上，设法去搭建起那一条人和现象背后之本体世界间的通路来才对。

　　也许我们这样说太哲学化了，不过无论如何这倒是塞尚之形上绘画中之真正的哲学本意。

　　这样一来，当塞尚真正有能力把远近法与外光法，以其肤浅而统统予以推翻了之后，塞尚也就在脱离了看似宏伟，实则模棱不定之天空的绘画后，而建立了他独一无二之前景绘画。

 塞尚艺术的哲学随想

所谓前景绘画,就是没有背景,但并不是全无背景,而是没有远近之背景。像这一种以前景的方法,来呈现整体性绘画空间的理论或实践,我们可以在塞尚最早期的作品和他直到四十岁以后,方法逐渐成熟的过程中,找到最好的说明。

一般说来,塞尚印象绘画以前的作品中,天空还具有相当重要的地位。或者如以其早期之静物画来说,其背景的处理,同样也处于一种困惑,而未臻于他所理想的程度。比如说,他的 A cutting and the mountain Saint-Victoire, 就一般说来,还是一幅力作。尤其那几块土黄色的山丘与房屋,非常均衡而有分量,山的造型和笔触,在整个中间部的结构上,也配合得恰到好处。问题是接近马路的那一长条横过整个画面的棕色面,我们也可以说它有力,也可以说它很死板,但无论如何它是整个画面结构中的必需物,而且也是非常重要的一部分。甚至由此我们也就发现,塞尚在处理画面结构时,为了达到他所要求之画面的构成性,所形成的一种极具主观性的手法,或者这种纯主观性之画面构成之结构的要求,在他完成了他的 modulation 法之后,更有了炉火纯青的成就。若只就这幅 A Cutting and the mounlein soit-Victoire 的画来看,这条横过整个画面之棕色面,至少有三种作用:第一,它可以统一并平衡整个

下半部之结构和色调；第二，它不会使画面中心之那一块褐色土墙太突然，甚至反而使它成为整个画面上之色调的中心点；第三，也是最重要的一点，即借整个下半部之统一与均衡，而和上半部的天空对比，而形成一整个画面之结构上的统一性或整体性。虽然如此，如以塞尚本人在他后来最理想之画面构成的要求来说，尽管这幅画比一般远近法的风景画，已具有更有力的前景性。但实际上，结构仍嫌松弛，甚至更留下了天空与大地过分对比之天空的一大块漏洞。于此若求其根本原因，即天空仍占有太大地位的关系。换句话说，在塞尚的观念中，此时仍未完全脱去远近法之空间观念的缘故。可是这种情形，等到他接受了印象法的洗礼之后，却有了极大的改善。这个意思也就是说，等塞尚果然能通过锻炼，而完成了完全属于他自身的方法时，他对于画面空间之主观性整体的处理上，在风景画中有了三种补救的要点：

其一，减少天空的重要性和位置，使其成为非中心性的部分处理。像他的《Jas de Bouffan之风景》、《Provence之山》、*View of Auer*或《吊人之家》均属此种。说起来，天空的存在，在风景画中是一个非常重要而令人困惑的问题。因为假如天空在风景画中是副题，那么它总有一点使人觉得略嫌空洞，同时使得整个画面在结构上呈现松弛。反之，假

塞尚艺术的哲学随想

如天空的存在,在画面上是一个主题,那么毫无疑问的是,在这幅画上,真正所呈现的已不是天空,而是一种光或水等的处理,这种情形在Constable或Turner的风景画中,呈现得最为突出。不过如以塞尚来说,除非说,这一画面上属于天空的处理完全观念化,否则一切属于外光的描摹,将和用透视法描摹外在的现象一样的肤浅,因为外光实际上是不能reproduce的。从此不但说明了塞尚处理天空的另外两种方式,同时也说明了在现代绘画之根本精神上,与天空之无缘或无天空性。此亦非他,与其描摹一个只能引起幻觉之不定之物,远不如去实写一个观念中之实际可把握之结构之物,要切实得多。因之,在塞尚印象派绘画以后的风景画中,只有两个根本的主题,一个是树,一个是山,却不是天空与大地,此亦无他,即因只有树与山,才能呈现他绘画哲学中最具观念性之结构物罢了,同时从此也就引申出在塞尚后期绘画中之 *Bathers* 和 *Mount Saint-Victoire* 的伟大杰作。

其二,不以天空为主题,自然亦不会以大地为主题,因为地为天之相对物,同时亦即透视空间中之两极。这样一来,去天,去地,即去透视之地平线,而成为以树与山为结构之前景绘画。所以说,假如在塞尚印象绘画以后的绘画中,天空还有着重要的地位或位置的话,其实那早已不再是以天空而画天空了。反之,其天空只不过是一种绘画空间中,几何结构的一个因素罢了,或即为几何结构之取材而有之物。当然其中最好的说明,就是他著名之《马赛港》之绘画了,其中尤其是两条海岸线相交的一幅,更具有活泼的运动性。同时其陆地部分的造型结构,也比那幅两条海岸线比较平行者,更有严密的结构性。这实在是说明塞尚风景画,在他业已迈向成熟之时期中,极具代表性的一幅杰作。画中之四个部分,以几何而遥相呼应,天空和海,山和陆地,其均衡、和谐,并具有一宁静的运动性,实为不可多得之作。此外,在他这一时期的作品中,虽然亦有许多画面三分之风景画,其中或者我们也可以拿他之《玛恩河》做一代表。但是像此画中之天空,不但具有几何之结构性,同时更由于其色调处理上的成功,以他所特有之层叠的笔触,使整个画面,超过了画中所有个别部分的造型,而成为一浑然一体之作。换句话说,像这种绘画实在已形成为一种观念的绘画,其中的天空既非现象的,亦非情感的;反之,而成为一极具超越性之实体的绘画。同时这也就是塞尚绘画中,成就其绘画空间之整体性的一种极其成功的表现。

其三,在塞尚成熟期之绘画中,既然以层叠之色调,使整个画面浑然一体,至于天空不天空的问题,在他根本就不再是什么重要的画面处理了。甚至在他所特有之层叠色

塞尚艺术的哲学随想

调的方法中，不但使一切具有几何图形之线条，一起都被色彩所吸收了，同时更使他极具主观意义的绘画，却呈现了意想不到之整然性实体的绘画。其中像他的《Provence之山》中的老枝虬蟠，乃至《池木之桥》，或 the great Pine，都是最好的说明。尤其是在《大松树》中，由笔触苍茫而产生了自然韵律或浑然一体的运动感。《Provence之山》中，那种山丘隆起而存在之潜在的整体感。《池木之桥》中之自然丰富之实体感，与《大松树》中之无限宁静之伫立感。都可以说是超越了一切天空的绘画，而在人之主观观念中，所孕育完成之更具坚实内容的感觉或空间的绘画。

当然在塞尚这一时期之绘画中，最令人瞩目而不能不一提再提的，是他那幅 The great pine at Mount Saint-Victoire。而在这幅伟构中，除了我们曾提过的特色外，当然最值得一提的，就是塞尚对那棵大松树的处理。说起来，塞尚《大松树》之《圣维克多山》，有很多幅，而其最大的不同，就是在那棵大松树的处理上。水彩画中者，比较平直；油画中者，有的曲线委婉，颇富浪漫情调（其实也是一种古典式之宁静的韵律感）。有的比较平直，并只呈现和整个大地配合，而极富精密设计之几何结构之宁静感。但于此我所要提的，并不是属于这些情感上之表现的问题，而是说，这棵大松树在整个画面上之空间意义到底是什么。

前面我们已经说过，塞尚的绘画，纯粹是一种主观投射之空间的前景绘画。那么既然为前景绘画为什么还要以大松树来表现深度和距离呢？如以塞尚来说，所谓深度，有两种不同的表现方法：一种是借色彩的对比来表示，一种就是垂直线。第一种之表示法，毫无疑问，我们可以在他四十三岁或印象派绘画以后的作品中，俯拾皆是，至少第二种却只存在于他五十岁左右以前的作品中。像《Auver之庭院》、《池与路》、《玛恩河》、《大松树》、《爱思塔克之风景》等即是。换句话说，在这些画中，画面中都有一条或两条垂直之物，多半以树为主，这样使整个画面的结构，增加了一种看似远近之深度感。但是假使我们仔细研究起来，事实并非如此。因为第一，我们一定要弄清楚，到底塞尚所谓之深度究何所指？毫无疑问的是，塞尚所谓之深度，乃是指感觉的深度，而非远近之深度，甚至就即便是和远近有关，也绝非单纯透视法之深度。那么这样一来，如塞尚所指之深度是感觉，若再以他"对比"的理论来说，像这种感觉之深度，其实只要用色彩来表示就可以了，并不必以几何方式之垂直线来表示。而塞尚的意思也正是如此，尤其是其晚年的绘画中，事实上我们也不再能看到这种具有几何装饰性的垂直线了。

于此，我之称这些垂直性之几何构图为装饰性的，是因

塞尚艺术的哲学随想

为如前面所言,塞尚的绘画其本质上是一种呈现绘画空间之前景绘画。那么既然为前景绘画,就不应当再有远近法之单纯几何空间的意义或表达。所以说,像塞尚这种有垂直线的绘画,其于本质上,我们并不应当以远近法之深度观之,而只应当以引起感觉之深度而有之设计观之,是以为装饰性的。或者从另一方面来说,实际上,在此垂直线后面之前景的色彩中,已经具有了感觉之深度了,所以大松树之设计,实为一种装饰,而且是塞尚五十岁以前所需要的装饰设计;但是等到他六十岁时,心灵已熟透,结构更已完全被感觉所吸收,所以在其晚期之 *Mount Saint-Victorie* 中,就不再要中间或两边具有装饰性之垂直线了。此亦无他,此时塞尚已寻得了绘画中纯粹的深度。

塞尚艺术的哲学随想

十三 空间与整体(三)

塞尚艺术的哲学随想

　　上面我们已概括地说明了塞尚风景画中,绘画空间之整体的处理,现在我们再来看一看塞尚在静物或人物画中,绘画空间之整体性的处理。其实说起来,在静物或人物绘画中,比风景画更容易看出一个画家,对于空间处理的手法或精神来。因为风景画多少受了外在条件的限制,而静物绘画,往往使画家更可以自由地去完成完全属于他自己的空间处理。而且如以塞尚来说,其静物或人物画,也果然是最能达成其绘画结构或绘画精神之说明的作品。那么关于这个问题,我们到底要从哪里谈起呢?我想还是从塞尚之静物画上开始。因为虽然说塞尚把人物画看成绘画的最高成就,但那无论如何是就精神上的因素而言的;反之,假如我们若只就绘画之空间处理上来说,我们只要了解了他静物画的结构,其实他人物画之画面处理,也就可以说是知之大半了。

　　在塞尚四十岁以前的静物画中,大半都有一个深色的背景。其实像这种深色背景的存在,若相对于他成熟时期之前景绘画来说,就是一种困惑或不定。因为在绘画中,静物画的背景和风景画的背景,在画面的处理上,往往会出现完全不同的情形。一般来说,风景画的距离,就观察者说,比静物画要远。所以若相对于静物画来说,都具有一种背景性。同时也就因此而使风景画中的前景,都多少具有一种装饰的性质,这在塞尚的绘画中尤然。此外,若以风景画中之背景来说,也比静物画要固定,甚至它更往往和天空有着不可分的关系。于此假若相对于风景画中之种种,来看静物画的背景,它的情形应当是这样的:

第一,静物画中之静物本身,具有一强烈之前景之主题性,往往使绘画者在整个画面之背景之配合上,形成很大的困扰。

第二,其背景若像风景画一样照实描出,不但会妨碍画中之前景主题的表现,甚至更会掉进塞尚所反对之远近法之肤浅的表现中。

第三,若不照其背景之实景而描述之,那就只有用一种方法,而使此背景成为一种无关紧要的空白,以显示出前景静物之最大的特色,其实这就是塞尚初期静物画中,所表现之深色背景法,亦即一种传统性的画法。

但是像这种深色背景的画法,若以塞尚所要求之绘画

塞尚艺术的哲学随想

空间之构成上来说,只是一种消极之妥协的方法,而不是一种真正的解决,因为如以绘画空间的整体性来说,它毋宁是一种空白,或一个漏洞。不错,这样虽然使静物之主题在画面上呈示出来了,但是这却大大地妨碍了画面中整体空间的存在性。这便是塞尚以其感觉实现的理论,极其反对的一种整体性感觉的呈现,流于一种变相之远近法的处理。于是从这里很自然的,便出现了一种对静物画中背景之再处理的要求。从此黑色的静物背景不见了,或是再加上明亮之印象绘画之熏陶,于是在塞尚三十七八岁以后的静物或人物绘画中,出现了两种不同之背景处理,一种是浅色而稍带装饰性笔触的背景处理,如《Rococo之花瓶》就是最好的例子;另一种即把背景完全以装饰性的处理而呈现的绘画,其中最具代表性的杰作,即《果物盘》。如以人物画来说,其中当以《红色椅子中之塞尚夫人像》、《修克像》,或此时期之自画像,均属此种。

　　毫无疑问,后面这两种,将背景再处理过之装饰性的空间绘画,和他稍早《黑色的钟》和《白与黑的静物》来比,有了极大的不同。或者我们也可以以他所画《碗与奶罐》的静物,拿来当做此两种绘画间之技术上处理的桥梁(其实这幅《碗与奶罐》乃一力作)。那么到底像塞尚这样处理的背景或空间,其含义又如何呢?我想我们的说明应当是这样子的：

第一，假如风景画中之远近法，在塞尚来说，都近于肤浅的话，那么静物画之背景，也以远近法来加以处理，由于静物画本身所具有之前景性，将使绘画本身看来，尤嫌模棱而不实。

第二，就算是我们以深色之背景，而抹去了远近之背景，但那仍只能呈现静物前景之轮廓的凸显，却仍不能完成一真正在整体性的空间中，具实地呈现一个别物之观念性的目的。

第三，装饰性之全然人为的背景处理，其根本意义在于完成一全然人为的空间世界，以观念而代替一般视觉之远近空间。因为当我们以真正的空间，来表现一空间中物时，其根本的方法并不在于如何去处理那一空间中物；反之，而在于如何处理承载此一空间物之空间本身。假如我们只茫然地着眼于空间物本身，实际上，其空间的观念就是远近法。但是一个以无限性而为其基本性质之远近空间，根本就是人所不能真实呈现之物。是以若在绘画的世界中，去其模棱而以具体之人的方法，来呈现真正人所看到的事物，并借此而达到人所完成之真正深刻的感觉，此即空间之再造，即装饰，即人为，即以观念而代替看似真实之远近空间。Mattise 的绘画结构，多由此而来。

塞尚艺术的哲学随想

由此可知,塞尚绘画中之特殊的空间观念,从表面上看起来,也许是一种装饰性的方法。但是若从其整个绘画的理论看起来,却是以一个极其复杂之逻辑的心灵才得以完成的。这样一来,假如我们并不习惯于以观念或逻辑来处理事物的话,我们一定会觉得像塞尚这种全无漏洞可言之人为空间的处理法,不知所云。相反,假如人之观察事物,并求其表达的方法,果能加其深度增其转折之观念或逻辑的层次,我们自然会觉得,像塞尚这种真正经过心灵的逻辑处理过的空间方法,无论如何要比远近法更完整,比深色的背景更真实。而其原因也很简单,即与其在一不定之无限中捕捉一物,远不如在一人为观念的整体空间中捕捉一物,来得更具有观念的真实性。所以说,这种绘画,是一种纯观念的绘画,亦即感觉的完成,或即空间之整体性的完成。虽然如此,它实际上却给人带来了更具深度的实体表现。

所谓整体性的绘画空间,即对于画面的处理上,不分远近,甚至亦不分主题、副题,而使整个绘画意图集中在画面"空间"之完整或整体性的处理上。这样不但使画面的事物都以平等的地位出现,同时,实际上在绘画的领域中,也只有如此才能使这一块绘画的空间,像一个完整的世界一样彻然呈现在人的面前。而像这一种空间的呈现,如以塞尚来说，就是一种感觉的实现。因为只有真正的感觉，才是人与物之间，被人把握之真正的关键。而此感觉的存在，不但不受主题的限制，甚至也不受任何肤浅之透视的限制；反之，它在人来说，毋宁就是一个完整之整体性的创造世界。所以说，当我们真正想要将此一整体性的感觉予以完整呈现出来的时候，我们将碰到两个必然的问题：一个是在画面上呈现它之空间方式，另一个便是呈现这种感觉之强度本质的色彩表现。至于这种感觉呈现之空间方式的问题，在上面我们已简略地分析过了；关于色彩表现的问题，我们将在后面逐渐地讲到。

至于塞尚人物画的空间处理，一如静物画，于此不再多所述说。但塞尚却说，人物画才是绘画的峰巅。其原因有二：

其一，风景画所涉及之大自然，在塞尚来说根本就是一神明之物，人虽然被其引诱、困惑，甚至想尽办法，想将之表之于万一，但其结果仍是徒呼负负，常以其无限，而超出于人的能力之外。是以，绘画也常不能达其最理想的境域。

其二，静物画在塞尚来说，是比较可以主观地加以控制，而产生预期效果的绘画。像他《黑色的钟》、《碗与奶罐》、《果物盘》，乃至晚期《苹果与橘子》的静物，实在都是

 塞尚艺术的哲学随想

极精粹而伟大的作品。但人物画却介于风景与静物之间，有静物的空间性，又有自然的精神性。若较之自然中所含有之人所不能尽表之无限精神、人物之精神，则可以人知人之方法，而达其更深远表达之可能。所以说，塞尚所谓人物画为绘画之峰巅的理论，完全是就绘画之方法与人所可表现之精神两者而言。换句话说，是纯粹就绘画本身而言，却不是以绘画为手段，想要达成之绘画之最高理想而言。若以绘画之真正最高理想的趋向来说，当然仍不能不以《圣维克多山》为最。至于塞尚的人物画，大致有三种：自画像、夫人像、其他。其过程又可分为浪漫时期、空间结构时期及晚期，其中最令人注目者，如《红色椅子中之塞尚夫人像》、《修克像》、《红背心少年》、《波拉像》、《自画像》等。

塞尚艺术的哲学随想

十四 几何图形与结构

塞尚艺术的哲学随想

上面,终于将塞尚绘画中整体性空间处理的问题,概括地说完了。现在,我们再来更进一步地看一看他所谓几何图形和变形的问题。

塞尚说:

> 自然中并没有线条存在着。……甚至就即便是有线条存在着,实际上,它在观察者的眼睛中,不但直线会倾倒,平面会折曲,甚至所有的图形都会消失于观察者之水平的一集中点上。

但是他接着又说:

> 我们要以球形、圆柱体、圆锥体来观察自然。……同时水平的线条表示延伸,而垂直的线条表示深度。

我想任谁一看就会发现,这两段话显然是互相矛盾的。假如说连线条都没有,又哪儿来的几何图形?假如说,一切图形业已消失在观察者之水平的中心点上了,又哪里还有什么水平线、垂直线?这中间之互相矛盾的内容,到底又代表了些什么意义?

说起来,艺术到底和科学不同,甚至和哲学也不尽相同。因为它的本质是呈现而不是彻底解决,所以它往往并不需要一真正组织完善之理论体系。虽然说,塞尚是现代绘画之真正理论上的奠基者,但是到底绘画艺术的本质仍在于呈现,所以说,假如我们不能以其业已呈现之真实的业绩为本,则于其形式的理论本身,会出现任何矛盾或冲突之处,那本是不足为奇的事。再者,在人类表达的世界中,愈高深的表达,愈是呈现一种本质性的矛盾现象。反之,假如在人类的表达中,果其然而有不矛盾之事者,那不是一种彻底的天真,就必是一种模棱之肤浅之见罢了。而塞尚却是一个真正具有了哲学程度的艺术家,其绘画中之矛盾性,愈至其晚年,却愈是清楚地表现了出来,比如说其苍茫笔触之《圣维克多山》,与其极富几何结构之《大水浴图》,其表现的精神本身,就是一种极具矛盾性质的造型。甚至由此更说明了,直至塞尚之老死,都永远在困扰他之属于造型与色彩之间,无法彻底解决之冲突性质。

塞尚艺术的哲学随想

但是,我们在上面所指出之塞尚所谓线条之间的矛盾,并不是这种属于绘画本质上的矛盾;反之,而是一种绘画之方法过程上所遭遇之矛盾。换句话说,这种矛盾只是由于一种不曾理清之方法上的步骤而来,却不是属于方法本质上的矛盾。因为事物与事物间之矛盾,往往只来自于对于方法所属层次上的不清或混淆,却并不是方法本身的必然。塞尚所言线条之矛盾,即属此种。其间之说明应当是这样子的:

首先,假如一如塞尚所说,自然中根本没有线条存在的话,很显然,这种线条的存在,根本是指远近法之透视而言的。因为如以塞尚之感觉之实现的理论来说,由透视法而表现的现象,根本就不具有任何实质的意义,甚至它毋宁是一种肤浅之幻觉。所以说,当我们真正有充分的能力,以人之内在感觉的眼睛,来观察外在的自然现象时,不但一切透视的现象都将失去了其原本的意义,甚至人更会就此而找到了真正属于自然内部之真正属于实质性的结构。

其次,于此所谓自然内部之实质的结构并非他物,即塞尚所谓之球体、圆锥体及圆柱体。虽然如此,但是既然是"形",便不可能没有线的存在。所以于此我们应当将塞尚所谓线的意义,再说明一下。我们知道塞尚之所谓"没有线的存在"和"轮廓在逃避我",可以说是同一所指,即表面,即平面,即透视,而非"体"的存在。因为所谓"体"是有真正深度的东西,而平面不是,同时以平面而形成之透视亦不是,当然表面也不是。所以说,当塞尚以球形、圆柱体及圆锥体来看自然的时候,实际上,他的意思就是以深度来看自然的意思。换句话说,自然不是一个平面的东西,所以它不只有平面的深度;反之,自然是一种真正深度的存在,所以它是一种"体"的集合。

再次,但是为什么自然内在之体的结构只有三种呢?其实这个问题并不难回答,因为球形、圆柱体及圆锥体,就是圆形的三种"体"的造型。所以关于塞尚之几何造型的问题,并不在于为什么只有三种,而是说,为什么塞尚只取圆形的造型?这个问题的回答,我想是这样的:在造型世界中,其根本之线条只有两种,即直线与曲线。很显然,塞尚所谓没有线条之线,在观念上来说,是指直线而非曲线。因为假如在塞尚的观念中,连曲线也予以抹去的话,那么其几何造型也必无所产生了。不过所谓曲线,究竟仍非圆形。那么圆形本身的意义,在人的观念中到底又何所似?

最后,如以一般抽象的方式来说,天空是以曲线表示之,大地则以直线表示之,则如⌒、——,若合而言之,即⌒。由此可知,一个真正自然宇宙感之造型,如为圆形,实际上就是一种纯观念性之对于现象不足部分的表达,则

塞尚艺术的哲学随想

如 ⊖。换句话说,在塞尚的绘画中,虽然并不曾用纯线条或几何图形来表达,但在他的观念中,也并非真的没有线条,只是它并不是一种现象的直线,而是一种观念性的曲线或圆形。而这种圆形观念的根本来源,如以自然之风景画来说,其实就是一种极具抽象性之天空的造型。当然这样一来,另一个问题又要发生了,那就是说,在前面我们曾说塞尚并不是天空的画家,但现在为什么又引出天空的圆形造型来了呢?我们要知道,无论如何,在绘画的世界中,塞尚是一个非常哲学化的艺术家。所以在他的观念中,一切理论或看法,都有着比一般观念更深一层次的内涵。因之,由此我们也可以推论说,虽然在塞尚的绘画中并没有现象的天空,但是它却有比现象透视的天空更具实质之感觉的天空、观念的天空,或几何造型的天空。或者假如我们把塞尚绘画中,这一种造型的观念和他以前的传统画法来比,那就是说:

传统的画法是以现象的天空,导致有背景存在之透视法,最后所形成外光的描述法。

塞尚的画法是以观念的天空,导致超现象之几何图形,最后而形成主观色调的情感表现法。

但是不论是现象之天空法也好,还是观念的天空法也好,其于根本观念的表现上,统统都具有一实质的目的,此亦非他，即呈现使一切空间中物成为可能之"无限"的存在性。而现象的方法是直线，塞尚的方法是圆形。关于此表现方法上之不同，即来自现象与观念之不同。换句话说，塞尚的方法，统统来自于纯内在之观念的要求，至于其他则多是以现象的透视法罢了。同时在另一方面，由于绘画中这种对于空间造型之截然不同的方法和表现，也就引致了塞尚绘画中极具特色的运动感来。这又怎么说呢？

在绘画的世界中，我想任一真正达到了某种程度的画家，都会知道，一件作品之所以会特别的引人，即往往来自于一种特别的表现因素，此亦非他，即一种"光"的表现法。而这种画面上所呈现之"光"的表现，真正带给人的感觉，其实并不在于"光"本身，或由此"光"的存在所引起的情感；反之，若从人之感觉的实质上来说，就是一种运动感。所以说，一幅画之成功与否，实际上，就是看其在人的观念中是否能达到最完善之光与运动感罢了。换句话说，运动感愈完整，愈能引起更完整内感觉，反之亦然。由此可知，如透视和观念之空间造型之不同，一在直线，一在圆形的话，那么毫无疑问，直线给人的运动感是一种不确定的延续，或即无所始终之运动，而圆形给人的运动感是一种比直线较完整的运动。当然于此所谓之完整，实际上也只是一种观念或逻辑性的完整，而非绝对的完整。因为一切事

塞尚艺术的哲学随想

物之绝对性,或绝对的完整,无论如何并不是人的能力所能真及者。所以说,人所达到的完整,即在于逻辑或观念上更少漏洞的完美存在罢了。比如说,如以直线表运动,那么它就永远无法免除无所始终的不定性了。而圆形的运动感,并不是说,它果然把运动之绝对的始终找出来了;相反,而只是说,它把始终的疑难或漏洞予以消除掉了。其实如以人类知识之方法的观点来看,这就是一种更接近于感觉或存在真实的表现法。此亦无他,即因它是一种比直线的运动,具有更深一层逻辑或观念的表现法罢了。

假如我们能了解以上所言这种观念和空间造型上之基本意义,我们便可以清楚地知道,既然塞尚在绘画中所要表现的,是一种比现象更深一层之感觉实现的世界。那么毫无疑问,在塞尚的绘画观念中宁取圆形,而不取透视的直线,到底还是有其原因存在的。

既然为圆形,即非直线。那么同样的,我们也可以由此而推论说,既非现象之平面的运动,即为圆形之体的运动。而真正圆形之体的运动造型,即球形、圆柱体、圆锥体。同时也只有在这种以圆形为中心之"体"的运动中,才能呈现以人的观念所可控制并完成之整体性的运动体系,即观念性之无限运动,亦即在绘画中所可能呈现之无限运动之逻辑表现。

不过无论如何,在塞尚的绘画中,并不曾将这些圆形的几何图形以绘画之造型的方式,直接搬到画面上去。甚至任谁都知道,塞尚在画面上真正呈现的并不是圆形的运动体系;反之,而是色彩或色调的运动体系。那么很明显,于此假如我们想要更进一步了解塞尚绘画中之彻底的逻辑结构,当然还需要两个根本问题的了解或解决才行。一个是说,如以逻辑的方式来说,塞尚如何在其观念中,将几何造型转换而为色彩的造型?另一个是说,到底色彩或色调在塞尚绘画中的根本意义又是什么?现在我们只就第一个问题说明如下。至于第二个问题,我们应当留待下一章再说明之。

谈到塞尚绘画的理论或方法,如何从他的几何结构转换为色调的表现,我想我们至少要分三层基本的转折,才能表示出来。而此三层转折,亦即:

第一,现象的世界。

第二,感觉的世界。

第三,生命自体的世界。

这个意思也就是说,透视与外光之现象如不为塞尚所取,他就以自然内在之几何的结构破除之,以形成一真正有深度之自然的内涵世界。但是此一自然之内在结构的世界,仍非一自然之实存的整体呈现,于是他就以一更深一

层之内观的眼睛,将此内在的自然结构,再予以一凝视点的存在,而将之吸收掉,则形成一纯粹而整体之内在感觉的世界。由此可知,塞尚听信真正感觉的世界,就是以人之内在的眼睛,看出一层层更形深入的自然结构,然后再将此结构的形式,在内在本质的呈现中而予以撤除,最后才得以显示之真正具有自由可能之感觉世界。但是当人真正有能力破除了一层层形式结构的世界,而果然在一充分自由之感觉世界中时,我们才知道,所谓人类之真正内在的感觉世界,并非他物,即人类之真正内在的生命世界,或即生命的自体世界。

由此可知,一切属于人类之真正追求之路,就是以各种不同的方式,经过一种非常严格之逻辑性的内归之路,而将人类真正内在的生命世界,予以保障性之逻辑的发掘。也许于其追求之终极上,我们发现并无法将此生命或感觉的本体世界,予以真切地和盘托出,但是当我们真正有能力以逻辑的方式,通过一穷尽般之追索过程,而逼现了此一本体之不可表之终极时,其时人已经完成了他最大追求可能的极致了。此即人的真理、人的可能与人的一切。甚至由此我们才能很确定地说:塞尚在他的绘画艺术中,真正要表达的是感觉,也是生命,所谓生命,在人来说就是以一种逻辑性追索过程向人内在的追求,以达到最大可能之自由的程度。这是塞尚最后之《圣维克多山》,同样也是他最伟构之充满自由设想与结构之《大水浴图》的内涵。

　　明白了以上之对于塞尚绘画精神,或方法上的探讨,我想我们终于到达了作为塞尚绘画之真正中心表现之色调处理的问题上来了。不过在我们正式讨论这一个有关生命、感觉之色调的问题之前,仍应该再把塞尚绘画中,另一重要之有关空间结构之变形、造型的问题说一说才对。

　　于此假如我们很简单地说,所谓变形造型,实即自由形变的意思。因为若以人类文化创造的意义来说,总不外两种最基本的目的:一个是将自然或宇宙的实质予以发掘并表达出来;另一个就是使人性或生命的存在,达成其自由或自由表达之可能。甚至这两件事根本就是同一件事之不同的两面,换句话说,当人在寻求深刻表达之可能的时候,实际上也就是在寻求人性之自由的可能。但是无论如何,像这种有关表达和人性之深刻与自由的可能,到底并不是一件容易的事,因为它所需要的是一个极其复杂之逻辑性的追求过程。所以说,当塞尚真正有能力挣脱了一层层形式的结构,同时更有能力把握到属于人性内在之真实感觉时,实际上他所获得的就是一种自由的表达精神。而这种自由的表达精神,更从两种不同的方式呈现出来:一个是色彩之超越型的自由,一个是造型之自由的变形。所

 塞尚艺术的哲学随想

谓色彩之超越型之自由,其实就是塞尚之modulation的理论。而造型之自由的变形,更可以从《穿红背心少年》等作品中看得出来。当然所谓变形的问题,在现代绘画中,早已是司空见惯的事,可是在塞尚来说,却是从极其复杂之形式造型之逻辑性的挣脱中,才逐渐获致的。由此可知,所谓创造和应用创造成果间之差别,若只从表面上观之,常相差不多,可是实质上呢?岂可以道里计!

塞尚艺术的哲学随想

十五　情感的胜利

 塞尚艺术的哲学随想

说起来塞尚和左拉是少年游,可是实际上彼此的个性与要求,却全不相同,甚至这种情形,更可以从他们因写诗而吵架时,左拉气愤之下所讲的话中看出来。左拉说:

　　我知道了,你的诗是用心灵写的,我却是用头脑写的。

话虽如此,左拉对塞尚之真正的心灵、情感或要求的深度并不了解,所以如以左拉之实际的社会风格来看日后的塞尚,其裂缝更为清楚。比如左拉又说:

　　从塞尚年轻的时候起,他就开始和他自己心灵中之浪漫情感之坏疽交战,但是他却从不曾成功过。这不但是他心灵中的一种疾病,甚至这种浪漫的情感,更是横亘在他的头脑中令他痛苦,而他又不能将之加以

诗人思想者史作柽系列

克服之不可救药之错误观念。

由此我们可以很清楚地知道，尽管左拉知道他和塞尚之间之根本不同处，但是实际上，左拉并不了解终生盘踞在塞尚心灵中之深刻的情感，和他从事于不休止斗争的根本原因与意义。在另一方面，我们却又看到塞尚写给左拉的信中说：

人所说的却老是和人所做的互相冲突矛盾着，尤其当我发觉我在画面上捕捉的形象，和我真正的概念相冲突着时，一气之下，我把画笔掷向天花板，再也不想画下去了。

但是像塞尚心灵中的这种斗争、寻求与一种近于终极性之表达的欲望，并不被左拉所了解。当然日子一久，他慢慢也知道了，所以他又写道：

我不知道你是否同意我的意见，不过我总觉得为艺术而艺术是一个天大的笑话。

我们知道左拉是一个自然主义之小说家，他以生物遗

塞尚艺术的哲学随想

传的观点,写他有关社会问题的小说,很明显,这和塞尚那种纯人性风格之寻求终极表达的艺术,实在是格格不入的。所以说,虽然他们曾经在Aix地方有过一段令人羡慕之少年游的日子,不过等到他们到了巴黎之后,现实早已将他们之间的年少友情摧毁净尽。至于其日后完全绝交之事,也绝不如后人所言,只是因为左拉写了一本不成功之艺术家的小说,塞尚便以为左拉在讽刺他,而和他绝交了。其实那根本是一个横亘在他们心灵之间,完全不同之人性寻求的问题在作祟罢了。

于此我所以要写这一个小故事的原因是说,假如左拉与塞尚曾经有过少年游的友情,又以文名如左拉者,都无法了解塞尚真正的艺术心灵,那么至于塞尚一直被人误解,并不被当时所接受的情形,也就可以思之大半了。

那么那个真正深植在塞尚心灵中,而又形成了他绘画艺术之根本因素者,到底又是什么?其实此亦非他,即一种最纯粹的浪漫情感。甚至关于这一点,塞尚也知道得非常清楚,所以他到了巴黎之后,虽然看到了一个五花八门的大千世界,但是他知道真正彻底的艺术,即非一般的自然主义,亦非写实,甚至亦非印象,更非"肤浅"的浪漫或古典;相反,而是真正有深度的人性、情感,并向历史与大自然去寻求学习与锻炼,最后才得以完成之真正成熟的艺术与灵魂。其实此亦非他,即塞尚始终所主张之真正的"古典"。由此而论,我们可以很肯定地说,真正形成了塞尚伟大的艺术成果者,并非方法,而是一种真正具有人性之彻底深度的情感。甚至一切属于塞尚所特有的方法与理论,不但都必在此情感的冲力下才得以逼现,甚至其方法与理论的根本意义,即在于将此情感加以锻炼,并使之整然而得以呈现之必然的过程罢了。

有人的情感全属于人间,有人的情感来自天上。属意人间者,多似有所得,沾沾然,则永坠于地下;属意于天上者,则通过人间,陷身孤独,而仍归之于究极,却又不得其究解之天之域。人之属,一天,一地,孰是孰非,无人知之,无人能终而言之,一切只不过是人对其自身之一种抉择罢了。塞尚知道得很清楚,所以他叹息道:

唉,算了!你说人生、社会吗?其实我所应得者,惟孤独而已。

塞尚有一种情感,常不为人所知,甚至果有所知,亦只不过及于他心灵中真实情感之一面罢了。左拉如此,其他人亦然。而这一种情感之特质就是说,它要以各种不同的方式或过程,冲破一切生命与自然之肤浅而虚假的外表,并

 塞尚艺术的哲学随想

将其中真实而深刻的实质,彻底地挖掘出来。但是像这种追求真实的冲动或心灵,一般热情之士未尝没有,或一般艺术家,更所在多有,至于真正能不为社会所动,锲而不舍者,已经很少。又果能锲而不舍,并致力于广大而深远者,又其少之。再而至于广大、深远,又与生命本身契合不二,而形成一伟构之作者,更是少之又少了。至于塞尚之绘画,与其说是一种浪漫的热情,不如说是一种节制方法;与其说是一种方法,不如说是一种生命。而他所谓之生命,其实就是一种方法与生命统合而为一之"古典",所以他说:

> 绘画对于我来说,一彩一笔,无非是一种生命的冒险罢了。

而这更是一种永无止境之冒险,亦即永不休止之努力创造与工作的过程。假如有人说,他已经完成了,那便是一件十足不可思议的事。因为在人来说,根本就没有"完成"这回事存在着,甚至所有所谓之"完成",实际上也只不过是一种象征性之阶段的说明罢了。所以塞尚又说:

> 我并不知道到底要怎样来表达我自己,因为在我来说,我从来就不曾真正地完成过。而且我已经那么

老了,过去我不曾将我自己完成过,现在亦然。……对于我来说,一切都是白费的,人的惟一可能,只是工作、工作,不休止的工作罢了。

真正的工作就是一种真正的创造,同时也只有属于人之创造的可能,才是令人真正免于现实、饶舌、堕落,乃至于死亡的可能,但是人到底怎样才能像塞尚一样,存在于工作与创造的生活中,而不堕于人为的现实,与各式各样人所以为的完成当中呢?此亦非他,就是一种情感、一种人性中最纯粹的情感,同时也只有靠了这种情感的存在,才使塞尚通过了各式各样不为人所了解的斗争,而奔向于他所谓之工作与创造之生命之途。由此可知,一切只有超越于"完成"与"方法",或一切人为的情感与生命的存在,才能了解塞尚绘画之真正根源之所在。同时从这里我们才能确定地说,只有这种形上性向生命追求其极致表达的情感,才是塞尚绘画中真正呈现之色调或modulation的来源,至于其他,也只不过是为了完成此一情感表现之方法性的过程罢了。

因为:

第一,如果说塞尚之方法有两大要领:一个是几何图形,一个是色调法。那么实际上,他的几何法,只是达到他

塞尚艺术的哲学随想

色调法的一种过渡罢了。或塞尚之几何法的来源,却又必是以一穿透性之情感的眼睛,将透视之轮廓的表面,予以穿透后才得以完成的。除此之外,如以塞尚来说,所谓情感、感觉或生命,根本是同一所指。

第二,既然感觉、情感与生命是同一所指,那么塞尚真正要实现的感觉就不再是一个固定之轮廓之物。换句话说,那毋宁就是一种运动,甚至是一种生命自体般之运动物,而非有任何固定点之运动。因之,像这种感觉,自然也无法以任何有所边际之图形来加以表达。即无轮廓,亦无任何线条可言,即无所边际之运动自体。而它的根本呈现就是色彩,或即以色彩将几何予以吸收掉,而成为一纯色彩之结构的世界。

塞尚是那一种真正拿他全部的生命来从事绘画的人,但是他也以他的绘画而证实了他的生命。而处于塞尚之绘画与生命间之真正呈现物,即色彩。所以他说:

> 我终于开始被吸收在那一个真正纯净而有彻底深度的世界里。其实这并非他物,它就是那一个我费尽了追求,并千方百计才得以寻获之色彩的世界。虽然当我精确而锐利地对真正的色彩而有所觉醒的日子里,它也着实令我痛苦过,但最后我终于深深地感

诗人思想者史作柽系列

觉到,我已有充分的能力,沐浴在它终极般之无限深刻的(色彩)世界中,并无所保留地接受了它真正的洗礼。于是慢慢地,我开始和我的绘画成了一体之存在,并且我更活在那个彩虹般之大混同的宇宙之中。甚至每当我站立在我所选择之主题的面前,逐渐地开始失去了我自身之存在,而和它成为一体之共在者时,从此我的梦去了。朦胧中太阳成了我遥远之他域的友人,它更在那里照射着我、温暖着我,它不但使我的愚笨再生了它无尽的成果,并且更使我以我自己的成果,而和它共生共在地,开始成长在那一个天宇般之彩色的幻域里。

看了这一段话,我简直吓呆了,心中的感触更是无以言明之。唉!说起来,天下画画的人,比比皆是,甚至于称得上是画家的人,也成千上万,但是真正有能力接受广大如宇宙般深邃艺术圣灵之洗礼者又有几人!Monet的画,可以说是已达到了相当动人的程度了,但是若以他和塞尚来比,他仍只不过是一个外光之画家罢了,而塞尚却是一个具有真正内在灵光的艺术家。而且不论是绘画也好,还是文化知识之其他表达也好,只要我们用心地稍加推究,便可以知道,在人类表达的领域中,一旦到达了某种方法性的表

塞尚艺术的哲学随想

达程度,那么若只从知道或表达的方式来说,很难分其高低。比方说,Monet和塞尚之间的情形,就是一个最好的例证。所以说,除非人对于文化表达的了解,果然已到达了超出表达本身的形式,而臻于彻底使一切表达成为可能之生命自体性的创造之域,不以表达的方式来衡量表达,却以使表达成为可能之生命中本质性的创造特质来衡量之。否则我们总是会被呈现在眼前之五花八门的表达方式弄昏了头,以至于使人于茫然中,丧失了真正的判断标准,到头来无所定夺地乱说一通罢了。而这话的意思也就是说,有一种艺术是以生命来形成,还有一种艺术却是以艺术的表达方式来作为生命的修饰品罢了,此即一种对于生命真义的不能透悟,或即一种对于生命真义之怀疑性的逃避。或者关于后者,Picasso就是一个最好的例证,他是绘画史上,以造型与色彩将丰富可能之变化多端的人性本质,达到了最伟大成果的画家,但是他却不是一个臻于生命自体般之追求的艺术家。

我们明白了以上所言有关塞尚绘画之生命或精神上色彩表现的本质;于此假如我们再从比较具体的方面,来看他所言色彩应用的理论,它应当是这样子的。他说:

在赋予了自然以真实生命之富丽的色彩世界中,

正存在着永无休止的表达主题。所以不论我们采取任何角度来观察我们业已选择了的主题,我们都会发现和先前的主题全然不同之有趣的研究。如此则足可以使我们只要把头稍微动一动,而站立在同一个位置上画它数月之久。

而塞尚这话的意思也就是说,形象是有尽之物,色彩则无尽。换句话说,对象是有尽之物,但是人的感觉却为一无尽之物。所以说,人只有在把自身的寻求放置于一无尽之坐标上时,才能将真正色彩与感觉的无尽性合而为一,并舍弃形象之表面透视或几何造型之边际性,以达到以色彩之结构,来呈现感觉实现的可能。所以塞尚又说:

> 结构(即真正的造型)与色彩根本是不可分之一物。

由此可知,虽然在塞尚的绘画中,舍去了两种结构:一种是透视的结构,一种是几何的结构。但就此并非说,在塞尚的绘画中就全无结构了;反之,他却是以色彩来代替结构的。或者如前面所言,即以色彩而将以上之两种结构吸收了,以形成一种比以上两种结构更能呈现感觉可能之

塞尚艺术的哲学随想

深度的结构。那么到底这种真正能超越现象，并将更深度之感觉世界加以实现之结构果为何物？或又怎样由色彩而形成？其实这就是作为塞尚modulation理论中心之对比法。塞尚说得很清楚：

> 我要用色彩来呈现透视，因为在自然中，并没有真正的线条或造型，而只有对比。但所谓对比，与其说是黑色与白色，倒不如说是以我们对色彩的感觉而呈现出来的。

但是我们到底要以怎样对于色彩的感觉来呈现对比呢？塞尚又说：

> 自然之真义，远比它的表面深刻得多，因此我们不能用透视的轮廓来呈现它，却以光的运动性来呈现它。我们不但用红色与黄色来呈现光的深度与运动性，同时我们更要用充分的蓝色来把空气呈现出来。

从这里我们可以很清楚地知道，所谓对比就是光与色的运动性。而这话的意思也就是说，绘画的本质，并不在自然的表面，而在于其深度之实质。而此实质的发现与表现，并不是借一般之视觉方法而完成之；反之，而是以我们生命或情感性之深度感觉，才能将之获得。但真正感觉的描述，其实就是一种光的描述，只是于此所谓之光，并非外光，而是光之内在的运动性，即感觉之运动性，亦即自然或生命内在之运动性。同样，像这一种生命或自然之内光的描述，也不能以线条表示之，却必须以色彩才能表现出来。因为只有色彩才能呈现光的存在，只有色彩之对比，才能呈现光的运动性。但是关于塞尚以色彩呈现光与运动的事，亦有三个根本要领：

第一，黑白虽为颜色之对比，但并非真正可应用于绘画中之色彩之对比。或如以塞尚来说，如他之所以用色彩之对比，在于呈现他所谓成为感觉或生命本质之*thrill*、*slight shock*或*light vibration*。那么很显然地，黑白并不能呈现这种感觉之光的效用性；反之，他所应用于绘画中之真正色彩的对比是红与蓝，或橘红与蓝。

第二，但实际上，若就塞尚本身的绘画来说，他所谓之对比并非如此单纯，甚至至少我们可以找到两种不同的对比来：一种是呈现深度的对比，一种是呈现运动的对比。而呈现深度的对比是蓝与红（或橘红）；呈现运动的对比，是蓝黄（或绿黄）。这种情形我们更可以从他晚期的作品中看得出来。

塞尚艺术的哲学随想

第三,于此若再严格分析起来,在塞尚绘画中,所谓深度与运动的问题,还不是如此简单。因为若以塞尚绘画之本质来说,绘画之真正深度,其实就是以色彩之层叠结构所实现的感觉。但是于此,假如我们又以红色或橘红色,与蓝色或绿色间所形成之对比,来表明绘画之深度者,乃是就色彩本身来说明。换句话说,假如我们承认塞尚所谓之色彩,乃指其感觉之实现本义的色彩,而非一般色彩中之意义,那么由蓝红之对比所呈现之绘画中之深度,实际上就等于是一种色彩之感觉绘画中之深度,而非一般所谓的深度,或者就此我们也可以说是一种深度中之深度,即感觉绘画中之绘画深度。不过这样一来,很显然,这种深度中之深度,仍只是一种感觉绘画中之空间的修饰,却并不足以代表呈现感觉绘画之色彩本身,所以到了真正晚期之塞尚的绘画中,假如我们以《大水浴图》与《圣维克多山》为其代表,那么我们可以很清楚地发现,在这些伟大的杰作中,这种红蓝对比的深度,也已逐渐被消除,却代之以黄绿对比之纯结构的运动。这是一种返璞归真,同时也是一种通过了一切种类之方法上的寻求,而又将之重新以一超越的方式,消去一切修饰与刻意之形式追求,最后才得以完成之纯表现之自由淳朴的伟大画风。此亦非他,即成熟,即感觉,即单纯,亦即毫不借修饰之生命中真正运动性之感觉的实现。

　　情感终于是胜利了。感觉也得以色彩之运动感而呈现。其实这就是一种以古典的现代方式，所呈现之彻底的浪漫主义。由此可知古典若只在于理性与方法，便是一种没有深度根源的事物。同样，浪漫若只在于情感，而没有深度之方法上的追求，也必流于肤浅与夸张。所以说，真正有深度的浪漫与古典，实际上，就是一种稍有个性偏向之二者统合性的表现。甚至于此假若我们再就人之追求生命，并寻求表现之实际的过程来看，我们自又会发现，在人类的存在中，任何一种文化部门之真正成熟的表现，没有一种不是超出了一般文化史中之浪漫或古典的解释方式，而成为一种精神性之奔向于人性成熟的表现。但是人性本身，并不是一种方法，或一种形式；反之，而是以一种纯粹的情感或力量，所呈现之生命整体的存在。当它一开始存在的时候，它也许只是一种莽撞而无理性的冲动或动机，但是当它真正有能力而趋向于成长的时候，它就以一种过程性之方法的寻求，建立而为一深邃且具有本质性的结构，这样当它逐渐以理性与节制而奔向于成熟的时候，它就自自然然地成为一苍茫而广大之人性自由之大胸怀。人不至于此地，即不知什么是真正属于人性成熟的极致，亦不知什么是自由与人存之真正的界限，因之，他也必不知什么

塞尚艺术的哲学随想

是真正的冲动与方法。反之,假如人果然能真知于行动与方法,就自能成就一人性自由之大艺术。这在艺术本身来说,我们可以把它叫做情感的胜利,若以人性本身来说,实际上,它就是一种道德之完成。我想谁都知道塞尚年轻的时候,是一个个性强硬而毫不妥协的人,一听到不合他标准的言论,便夺门而出,全无通融的余地,可是至其老矣,当左拉骂他画画像一个工匠的时候,他却说:

  我已经太老了,进步又这样慢,又这样笨拙、迟钝而愚蠢……

你看,人已经那么老了,凭了他整个的生命,什么都追求过了,同时也为艺术于默默的孤独中,而奉献了他的一切,这样他活在世界上,还有什么要和人争夺的事呢?他自由了,一切都不在意了,他一心一意的,只有那不被人了解之大自然与生命追求的锐意表达。即便如此,他仍旧满心焦虑,而怎么都揭不开那一层属于自然本质的面纱。老矣,老矣,当人真正如献身般地努力于一种理想的追求,并执意到底的时候,即便是到头来我们发现,不论我们怎样努力,仍旧无法达到我们所想要达到的可能时,我们却依然不看人间,更不寻求于人间的安慰,人终于是离开了,离开了这里,也离开了人世间,只和大自然以为伴,只与大自然以为生。有一天塞尚像往常一样来到原野里,他看到了一棵老橄榄树,他深深地被它所感动了,从早上到黄昏,他画它、触抚它、拥抱它,并和它说话。他说:

  树啊,树啊!你竟然在这儿已等我等了好多年了啊!

最后,情感终于胜利了。

如以艺术来说,我再也找不到其他任何的话,比这句话更能说明塞尚所谓感觉实现理论之本质了。

塞尚艺术的哲学随想

十六 形上之幻影

塞尚艺术的哲学随想

假如我们只就人和人之间，或表达和表达之间之存在现象来看，那么只要人与表达果然是在某一程度之上的，实际上，我们就很难再去辨别其间之高低或差别了。除非说，不论人在其存在的过程中，曾经经历过多少经验与方法上的追求，他仍旧不能不以一种永不满足之充分焦虑之情，而向生命或表达之极致上去迈进时，我们才能在满足与永远匐匍而前的情形下，略微地清楚了人与人之间，或表达与表达之间之真正的差别来。这话的意思也就是说，文化的存在或创造，根本就是人类向其自身生命追求过程的一种副产品，而文化本身并不是目的。因之为艺术而艺术，其实那就是没有真正的艺术，并在真正的艺术以下。因为真正彻底的艺术，往往只有在人向其生命作同样彻底追求的情形下，才能产生出来。同样，中国人也时常说"如人饮水，冷暖自知"。话虽然可以这么说，甚至冷暖也果有程度之不同，但是人之终其一生，却又何尝自知之。所谓真正的自知,实际上,只有从一种情形下才能真正地产生出来,即向生命之不休止的追求。因为知识与技术均为有尽之物,惟生命之寻求无所际涯。相反,假如我们果然以为"知"亦无涯之物,实际上,那已绝不再是一种为知而知之物,即知而生命之物。所以说,生命之追求与自知,永远是以更前面的来衡量现在与过去,即永不满足,即永不休止。反之,人果然只有现在而满足之,即停止,即无所反省,即生命的死亡,与无所自知。人果有所知,即在知其不可止或不可知之物。反之,则在生命以下,或创造以下之物。

由此可知,人之所求,乃无止之物;人之所表,乃有止之物。以有止表无止,则常以矛盾而出之,即真表达,真生命,亦即人之介于生命与表达间之惟一可能。但它却必是以一无所休止之穷尽般的追求,才换得来的,否则,即不知生命,亦不知表达。无不止,亦无矛盾,即处处似肯定,却一无是处。

从前我感动于塞尚之绿色的宁静,更被他苍茫之《圣维克多山》惊醒了心灵尽底之感触,在旷野中慨叹而莫名。但是在另一方面,我也清清楚楚地知道,塞尚晚年的绘画有两个根本之主题:一个是《圣维克多山》,一个是《大水浴图》。甚至若以绘画本身之成就来说,《大水浴图》之重要性,更要高过他晚年苍茫之《圣维克多山》。除非说,我们要

塞尚艺术的哲学随想

以纯生命的态度来欣赏绘画,则又另当别论。不过,无论如何,若以事实论事实,塞尚晚年之这两个不同的主题,其于绘画之根本精神或性质来看,实际上是分道扬镳而大异其趣的。换句话说:

《圣维克多山》是以苍茫的笔触,使绘画的结构消失于无形。

《大水浴图》却是以人体与树的结合,而达其结构之最高成就。

起初,这两件事,实在令我大惑不解。这要一直等我在形上学中彻底明白了,什么是人以其追求到底的精神,最后所必发现之自体之不可解,与表达极限之矛盾性时,才对于这个老而成熟之艺术的灵魂,有了比较清楚而准确的了解。但是这话要怎么说呢?

我想只要我们稍有思考与经验的能力,并稍加深思,便可以知道,在人的存在中,正有两种非常真实而顽固的力量存在着:一种是人欲达到"极致"的要求;另一种就是不论人怎样努力,往往仍旧脱不出"矛盾"的窠臼。我之这样说,也许会有人大不以为然,甚至我也时常碰到有人和我辩论,人可至于"绝对"境界的事。是的,当我十几岁二十岁时,我也会这样说的,但当我认真地追求了二十年之后,我再也不会这样说了。因为最后我发现,人之以为人可到达绝对境域的可能,实际上,是过分高估了人之存在的能力了。果真如此,一切宗教道德的根本设定,统统可以略去不再需要了。甚至在我来说,人之需要道德、需要宗教,甚至是需要一切种类之超绝的理想,实际上就是因为人达不到如此,而又使自己不肯舍弃其伟大追求的缘故。由此可知,人类在历史中,一切超绝理想的表现,大凡都在两种不同的方式中呈现出来:一种是说,一切属于人类之超绝的表达,往往只在呈现一种人类存在中之伟大的"意愿";另一种是说,一切茫然地以为人可成神成圣之说,往往只不过是一种热情之说故事般之表达罢了。其是否果能到达一不休止追求之伟大意愿的程度,尚在不可知之数,至于其他,也就不必谈了。

但如以绘画来说,表达与意愿之间之不可能性与矛盾性,老早在塞尚十几岁时就已经知道得很清楚了,可是此后他却花了三四十年的时间,去追求、去证明,最后以至于其老死,才老泪纵横地说:不可能啊,不可能啊!根本就画不出来啊!艺术如此,生命亦然,我们一定要相信那些真正在这条路上,脚踏实地走过的人所讲的话,并拿来当做确实的参考,而不能枉自逞能,弄坏了路途。那么既然根本不可能,人是否就不画,或不再追求了呢?果真如此,那仍旧是一种只会讲故事的人所讲的话罢了。因为人之果然向自

塞尚艺术的哲学随想

已证明为"不可能"的背后,其实业已存在着一种伟大的意愿,或不休止追求之可能了。于是有一种人出,假如生命与表达是不可能的,但他仍不肯舍弃他意愿之可能,并以此伟大意愿之可能,来反证彼存在或表达之可能。

于是塞尚终于把不可能画出来了,这就是他最晚期之《圣维克多山》。在其中不但结构消失,而形成为苍茫之精神性的悲剧世界,同时它更形成了塞尚绘画中最高心灵显现之形上之幻影。于此我们追根究底,塞尚绘画艺术之这种根本精神,与其所以会遭致这样一个形上幻影之不可知之后果,其根本意义即在说明了人类对于宇宙、自然、生命、艺术或哲学之欲达其究竟极致追求之伟大意愿的存在。虽然从另一方面来说,也许我们根本就没有办法达到我们所意愿之真实目的,但至少我们已可以由属于人自身之不休止追求的努力,发现了人类表达或存在之极限,与那一存在之"绝对"的可能性了。甚至由此我们也可以清清楚楚地说,人类存在之根本意义,并不在于达成某一特定之目的;反之,而在于努力地"追求"与"工作"本身。所以塞尚说,不要任意地去解释你自己,也不要做艺术批评家,而要去画,去工作,不休止地画,不休止地去工作。工作,工作,惟有工作才能代表一切,其他一切都不是。而工作之最大报酬,就是以努力去完成人的极限,并真实地发现那极限外面人所不能表达之真正的自然、生命、宇宙或存在的可能。

但是,如此人能说,人的存在本身就是一种消极、悲剧或不可能之存在了吗?不是,绝不是的,因为就当人真正以彻底的工作与努力,而发现了人之存在的极限与不可能时,却在另一方面,他也真正有能力而发现了人之表达或存在之"最大"可能。此非他物,在塞尚来说,就是他的《大水浴图》。因之,由此我们也可以清清楚楚地说,茫然而来之人性或表达之悲剧,是全无意义的,甚至若以人之真正有能力追求到底的努力来说,那也只不过是一种莫名之任性或不智之情罢了。因为,一个真正有能力工作并追求到极致的人,他之发现人之不可能和发现人之最大不可能,根本是同一件事,或一事之两面。假如我们以塞尚来说,当他真正得知人之不可能和得知并完成人之最大可能,根本是在同一时期出现并完成了的。这便是《圣维克多山》与《大水浴图》。如果我们以《圣维克多山》为不可能,那么《大水浴图》即最大可能。因为在塞尚之《大水浴图》中,向我们所展示的,既不是苍茫也不是形上之幻影,而是结构、均衡、人树不分、男女同等之自由而和谐的伟大构图,除此之外,更令人真心而瞩目的,是塞尚以他形上之透悟的眼睛,重新照顾心灵、情感或人世间,去其不可能而留其可能,最后才得以以一种极富中庸程度之愉悦的古典之情,所完成

塞尚艺术的哲学随想

之对人世所投下之召唤般之怀念的情怀。于是我们说,其实那就是一种人性中真正成熟之青春啊!假如我们看不到此处,简直就根本不能了解人性成熟之真实的极致与表现。

我不知道别人怎样去欣赏塞尚之 *Bathers*,如以我来说,我总觉得,当我们实际上已能了解了塞尚之整个绘画过程,并能把握了他绘画的方法或精神后,当然我们仍可以从方法与结构上,去分析他的《大水浴图》。不过至此我们更应当注意的,是他通过了一切属于他之方法的寻求,并超越之,最后所完成之真正属于绘画本身之自由精神与表达。而于此所谓之自由,即介于两个极限性表达之间的世界:一个是人所不可尽知尽表之世界;一个是人以其不休止的努力,所必获致人之极限的完成。因为,天之情者,有之而不可知之,惟人之情者,可知而尽之,即介于人天之间。此即人之最大可能,亦人之极致。人若以天而尽知为目的,则为过分而不当之追求;或者,人果以知天为目的者,以其努力,则必获致于人天之间,即人之天,亦人之极。除此之外,人不是不能尽人,而枉言天之事,便是以一些不足取之人之情,像说故事一样地数说一番,以求得一些无谓之满足罢了。但是这样既不及于人,亦不及于天。不及于人天之间,亦不及于任何有彻底意义之艺术或哲学之事。

但是以天所完成之人之情，或人天之情，或人之天之情者何为？其途有二：纯然与节制耳。纯然之情者，爱之为，亦青春之想也，但不以节制，则不成结构，亦无以成人之完成物也。反之，若以青春之爱与结构之节制，合而为一，则希腊之古典也，希腊之情、希腊之雕刻与哲学也，亦即塞尚之《大水浴图》之根本精神，无他，古典而已，即青春与结构之合一。若以诗人之情而观之，亦自人之心灵中油然而生之召唤之情也。其唤人世之情乎，非累之事也。其唤天也，有而未可知也。若去其两端，所谓人也，问而不可尽知之纯然如诗之情耳。人不至于此，则无以言艺术之极致，无以言古典，无以言人之不可能之悲剧，亦无以言人之自由与诗般之和谐。塞尚其老而有所至也，其旷古之《大水浴图》，以召唤而导人于召唤，其可不知之也！

塞尚艺术的哲学随想

十七 终　结

塞尚艺术的哲学随想

如今已经到了这章讨论塞尚绘画之最后一段了,突然间,有一个念头一直萦绕在我的心头:到底塞尚死的时候,或快要死的时候,是什么心情,或想些什么?想了半天,自然也不可能得到什么真正的答案,但不知为什么我总没有办法设想塞尚是怀着一种像一般所想像之道德的平静心灵而去世的;反之,塞尚在去世前不久所讲的那一句话,却一直在我头脑中徘徊,而不能抹去,他说:

……誓以绘事而亡罢了。

一想到这里,当然顿时间,那种人类命运之悲剧感,又重新结结实实地袭上了我的心头。因为一如我们前面所说,如以生命本身来看,人活着过程中之任一件事,就是它再好、再伟大,其实它们统统无法代表我们所设想之生命,或我们所曾经历过之生命本身的整个意义。因之,很自然的,对于一切真正努力着的生命来说,也就出现了塞尚死前的这一句颇为令人惊心的话。而它的意思也无非是说,那惟一可呈现生命者,既不是任何一件我们所曾完成过的伟大的事物,那么到头来人也只有以不休止之努力的工作本身,来呈现并完成生命于万一罢的。说起来,这就是一种悲剧,一种生命之介于不可能与可能之间的悲剧。其实其中的原因也很简单,人,他老是想要更多,并能达成他所想要达成的一切!不能,那终究是不能的。因为人是一个贪心而过分的动物。所以说,假如我们不会过分贪心,那么我们果然就可以像塞尚在他《大水浴图》中所表现的一样,达成我们对生命之愉悦、和谐、召唤,并富有结构之纯诗之情了,可是实际上,我们能只会如此吗?果然对生命没有更多要求与企望吗?不行,我们仍旧有更多的要求、更多的企望、更多的贪图与对生命之觊觎般之窥探。于是更多的不可能出现了,更多之不可解出现了,苍茫之《圣维克多山》又出现了。它似不可解又可解,它似可解又不可解,人的自由又消失了,和谐亦不见了踪迹,从此人又重新掉进了那种终极性之命运的焦虑之中。这就是哪个人所永远都无法真正自解之属于生命之终极性的大谜团,它仍在可能与不可能之间。

假如我们承认这一切都是事实,那么透过我们对于一

塞尚艺术的哲学随想

个真正艺术家之生命和方法的探讨,来看人类命运的本质和前途,就可以清清楚楚地得知,一切属于人类生命中超绝可能之过分而神秘般的执著,均无非是由于三种根本事物之忽略而来:

第一,对于古代经典中所载超绝事物背后,属于人本身之伟大意愿之"象征"的忽略。

第二,对于此超绝或伟大意愿之所以形成之实际过程的忽略。

第三,用以上二者所证之人对于其所主张超绝物本身之不可尽知性的忽略。

反之,假如我们不去任性地做一个超绝物之神秘意想的爱好者,而去做一个属于生命实质之发掘与历验者,甚至更不会堕于现实而模棱其途,那么我们也必然会发现,一切属于生命之彻底的追求者,于其终极性的表达上都必出现三种不可避免的矛盾,一如塞尚其晚年的杰作中所表达的一模一样:

第一,人要表现其可尽,却终止于不可表现中,矛盾一也。如《圣维克多山》。

第二,人知其不可尽,而表其可尽,若此之不可尽言,亦一矛盾也。如《圣维克多山》与《大水浴图》间之矛盾。

第三,人以其可尽可表现之愉悦,却又仍不能舍其对不可尽不可表现之可能,亦真终极之矛盾也。亦合以上二矛盾之最大矛盾。

人若真知此矛盾,并以亲身之努力的追求与工作,而验证了此矛盾,从一方面言之,这果然是人存中之一大悲剧。但从另一方面言之,至此人却真正有能力地把生命之真实予以正面地挖掘出来了。但真实即力量,真正悲剧的存在亦然。所以当人真正有能力真知于可能与不可能间之事物时,实际上,即不再从事于任何妄想之真正的开始。而妄想亦有两种:

第一,妄想于对于超绝物之截然而掠获。

第二,妄想于生命本身之果然以意想而超越。

人有两种妄想,于是其他一切必然的缺失与不智必接踵而至。若总其名以言之,即人患在果有所得。

反之,若人真知于其果无所得,即真知于得与无得之间。人真知于得与无得之间,即妄想之终止。人无所妄想,平静之心开始也。

由此,我们可以推之曰:

塞尚之逝也,若真知其不可知,而表其可知,必去其妄想,平静而去也。平静者,并非绝对超绝之意想也,乃知人世之不可为,而以可为之生命之理想,以证彼超绝之可能也。而人之可为者,工作而已,努力而已。亦以努力而无负

塞尚艺术的哲学随想

于上天之谓也。此之谓:

……誓以绘事而亡罢了。

绘者以绘事而亡,哲学者以哲学而亡,宗教者以宗教而亡,科学者亦然,百工百事者亦然,则理想治世,人性之大幸也。若绘而不绘,哲而不哲,教而不教,科学不科学,百工不百工,人世低落浑噩之由也。生于今之世,知一而百举,能不省之乎!

图书在版编目(CIP)数据

塞尚艺术的哲学随想/史作柽著. —北京:北京大学出版社,2005.5
(诗人思想者史作柽系列)
ISBN 7-301-09023-4

Ⅰ.塞… Ⅱ.史… Ⅲ.随笔-作品集-中国-当代 Ⅳ.I267.1

中国版本图书馆CIP数据核字(2005)第040316号

书　　　　名:	塞尚艺术的哲学随想
著作责任者:	史作柽　著
责 任 编 辑:	王炜烨
封 面 设 计:	耀午书装
整 体 设 计:	王炜烨
标 准 书 号:	ISBN 7-301-09023-4/G·1488
出 版 发 行:	北京大学出版社
地　　　　址:	北京市海淀区成府路205号 100871
网　　　　址:	http://cbs.pku.edu.cn
电 子 信 箱:	zpup@pup.pku.edu.cn
电　　　　话:	邮购部62752015　发行部62750672　编辑部62750673
排 　版 　者:	兴盛达打字服务社 82715400
印　　刷　　者:	三河市新世纪印务有限公司
	650毫米×980毫米　16开本　12.25印张　109千字
	2005年5月第1版　2005年12月第2次印刷
定　　　　价:	22.00元

未经许可,不得以任何方式复制或抄袭本书之部分或全部内容。
版权所有,翻版必究